U0021127

城市品味書

說出品味故事，成就你的與眾不同。

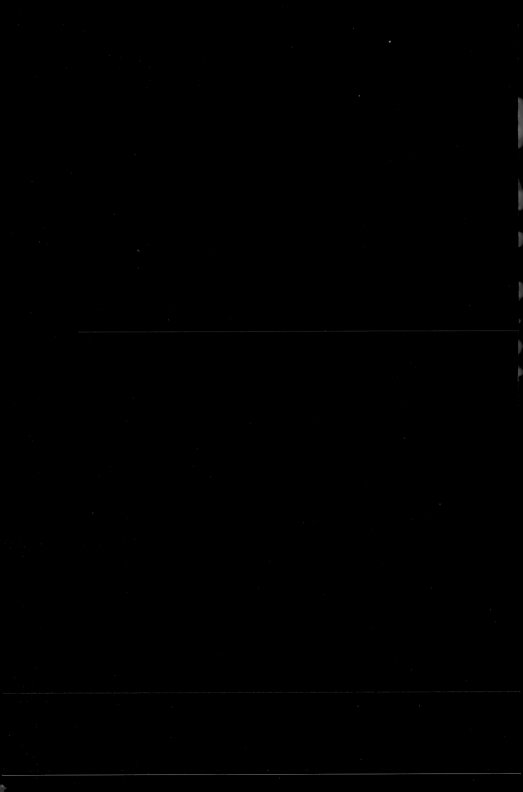

經典巴黎

100 個你一定要知道的 關鍵品味

城市的記憶

對一個城市的記憶，也許是某棟雄偉建築背後的一段淒美情事；也許是街邊行人的出色裝扮；也許是一種魂牽夢繫的味道……。無論如何，總有一個美好的原因，讓我們對那個城市的記憶，在最細微的地方停格。

十年前，《商業周刊》為了滿足讀者在生活面向的需求，開始了《alive》單元。現在的《alive》單行本以及您手上這套《alive 城市品味書》系列，都是基於同一個初心下的結晶，重視的是文化內涵的傳遞，期待體現「富而好禮」的社會氛圍。這套書裡，編輯以單行本中 10 個不容錯過的品味城市為基底，耗時近兩年，細心蒐羅每個城市的 100 個關鍵品味，從城市印象、藝術、建築、美食、時尚、設計到逛遊等生活角度，全面梳理與揀選。究其內容，與其說是旅遊書，倒不如視為最生活的「文化入門書」更為貼切。

在凡事講求效率與速度的今天，太多人對生活疲憊無感。本書希望能藉由系統化、主題式的規畫，讓您輕鬆掌握關鍵精髓之外，還能以一種不沉重的心情、有餘裕的節奏，欣賞深層的文化底蘊。我們志不在製造另一本旅遊聖經，但求能以一種全新視角和您一同領略不凡。

我會為了一張骨董地圖安排一趟旅行，有些人則會為了一家餐廳而造訪某一個城市，你呢？

《商周集團》生活事業群總經理暨《alive》發行人

董翠芬

目錄 contents

城市的記憶

008 **編輯手記**
　　一杯香檳，影響數百年

010 **名人談巴黎**
　　謝忠道
　　何立德
　　郭倩如
　　海明威
　　梵谷
　　雨果

城市印象 Image

014 **一位經典人物**
　　01 路易十四

018 **路易十四的五堂品味課**
　　02 懂得享受氣氛
　　03 講究高雅簡單
　　04 價值取決於優雅
　　05 藝術有經典規則
　　06 啟動新舊混搭風

美食 Gourmet

028 **法國菜三大價值**
　　07 6 百年淬煉
　　08 高貴廚師養成
　　09 在地珍饌

032 **一大美食聖經**
　　10 米其林指南

034 **法式料理六大精髓**
　　11 鄉村菜是料理原點
　　12 小館子藏底蘊
　　13 開放心胸不斷嘗試
　　14 嚴格食材產地制
　　15 講究季節滋味
　　16 醬汁即精華

048 **三大經典菜色**
　17 紅酒燉牛肉
　18 馬賽魚湯
　19 油封鴨

054 **一大甜蜜享受**
　20 法式甜點

058 **八大正統甜點**
　21 馬卡龍
　22 可麗露
　23 歌劇院
　24 巴巴
　25 瑪德蓮

　26 閃電泡芙
　27 巴黎圈
　28 水果塔

068 **乳酪品嘗五大講究**
　29 首選純天然乳酪
　30 單獨品嘗
　31 上桌才切開
　32 地產配地酒
　33 生乳製作最佳

072 **一大品酒文化**
　34 葡萄酒的風土密碼

時尚 Fashion

078 **五大法式穿搭密碼**
　35 混搭，不穿成套
　36 適合自己才是好東西
　37 忘了名牌的存在
　38 最新的不一定最好
　39 瀟灑穿出帥氣自信

084 **六大時尚壓箱寶**
　40 貝雷帽
　41 黑色小洋裝
　42 橫條紋 T 恤
　43 風衣
　44 芭蕾舞鞋
　45 絲巾

092 **三大時尚源頭**
　46 香奈兒
　47 迪奧
　48 聖羅蘭

098 **三大精品**
　49 經典皮包
　50 優質絲巾
　51 閃亮鑽石

藝術 Art

108 **三大藝術之美**

　52 大小博物館
　53 細膩畫風
　54 音樂饗宴

114 **全球最夯的一座博物館**

　55 羅浮宮

118 **羅浮宮十大必賞**

　56 蒙娜麗莎
　57 拿破崙加冕禮
　58 航向愛之島
　59 靜泉之憶
　60 土耳其大宮女
　61 自由女神領導人民
　62 四季
　63 勝利女神妮姬
　64 米羅維納斯
　65 垂死的奴隸

132 **印象派三大特色**

　66 中產階級的藝術火車頭
　67 追逐光與色彩
　68 融合科技與浮世繪

138 **一位印象派巨匠**

　69 莫內

140 **一大音樂派別**

　70 印象派音樂

142 **兩位印象派音樂大師**

　71 德布西
　72 拉威爾

144 **流行樂一大始祖**

　73 香頌情歌

146 **三大香頌歌手**

　74 伊迪絲 ・ 琵雅芙
　75 夏勒 ・ 川諾
　76 塞吉 ・ 甘斯布

居家 Home

152 **一位絕代品味之后**
　77 瑪麗皇后

154 **三大古典居家風**
　78 法式巴洛克
　79 洛可可風
　80 新古典主義

160 **法式居家五大魅力**
　81 舊家具的生命力
　82 混搭耐看老物件
　83 挪動家具換新漆
　84 善用氣質手工家飾
　85 五感並重氣氛優雅

170 **四大餐桌美學**
　86 首選白色桌布
　87 必備純白口布
　88 餐墊餐具配色
　89 亮眼單品裝飾

建築 Architecture

176 **五大法式建築美學**
　90 古典氛圍穿梭 5 百年
　91 朝代更迭新舊並存
　92 輻射狀大道的美感
　93 廣場空間充滿生活感
　94 公園風情營造情境

186 **一位都市規畫大師**
　95 歐斯曼

190 **五大經典建築**
　96 巴黎聖母院
　97 凡爾賽宮
　98 凱旋門
　99 巴黎歌劇院
　100 巴黎鐵塔

204 **城市資訊**
205 **地圖**

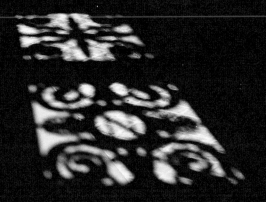

郭政彰 攝

一杯香檳，
影響力貫穿數百年

為了帶領讀者一探 18 世紀古典主義（Classicism）風格的法國建築，我們透過管道深入凡爾賽宮（Château de Versailles）內部，走到平日觀光客看不到的領域，用鏡頭去感受它曾經的風華。凡爾賽宮的總監碧翠絲 （Béatrix Saule）也在一天的會議轟炸下，面露疲憊接受專訪。不過，當談到路易十四（Louis XIV）王朝帶給現代法國人品味的影響時，總監卻又滔滔不絕，像是要把 18 世紀的精彩一古腦傳達給來自遠方的我們。真不愧是研究凡爾賽宮文化長達 35 年的達人。

巴黎很小，人文和藝術濃度卻是最高的。每一區都有自己獨特的風格，不重複，也不相互衝突。

公園是法國人營造品味與情境的生活美學；法式甜點，被當成珠寶一般對待；法國料理融合傳統與創意，看似不起眼的醬汁，卻是法式料理的精髓；不論服飾或起居，特別注重精緻與細節。巴黎，是現代品味、精緻生活的根源，就連一杯香檳的出現，影響力都可以貫穿數百年。

350 年前，現代品味從法王路易十四的凡爾賽宮蔓延開來，現在圍繞在我們身旁的泡芙、黑色洋裝、有腳的兩層五斗櫃、絲襪，到處都有法國文化的影子。古老和現代，過去和今天，兩種不同的文化交織在一起，不斷融合。這種尋求新舊融合的態度，就是法國品味中，最重要的特色。

古典的法國、前衛的法國；家居的美學、音樂的品味；非看不可的博物館、百年手工包的學問；生活中一切的優雅，都要從巴黎這源頭了解，才能領受眾多美好事物原本的價值所在。

文 / 盧怡安

© 達志影像

名人談巴黎

經典的巴黎文化，影響全世界，且聽以下幾位名人談巴黎，
帶領我們進入巴黎精緻的品味中。

謝忠道

美食作家

著有《星星的滋味》、《慢食》、
《慢食之後》

郭政彰攝

想要品嘗法國料理的精髓，絕不
能錯過小館子，還有一點很重要：
「慢慢享受用餐時光。」也就是
老一代人說的：細嚼慢嚥，全面
感受味道給予的愉悅。還有，一
定要搭配酒試試看，讓開放的心
胸重新定義你的味覺。

Duncan Ho
何立德

時尚潮人

L'ATELIER DUNCAN HO 品牌創辦人

何立德提供

巴黎個性女人的關鍵字是：瀟灑；
舉手投足充滿自信，甚至帶著一
點豪爽。巴黎人總是追求禁得起
考驗的經典，在經典的格局中，
再去追尋小小破格變化的樂趣。

郭倩如

拍賣女王

睿芙奧藝術集團 副董事長

郭倩如提供

到了巴黎，一定要去逛博物館。
但請不要抱著要學習、要有收穫
的心情而來；而是「我想要享受」
這樣輕鬆的想法。

Ernest Hemingway

海明威

美國小説家

©wikipedia

著有《老人與海》、《戰地鐘聲》

如果你夠幸運待過巴黎，它將永遠跟著你，因為巴黎是一席流動的饗宴。

Vincent van Gogh

梵谷

印象派畫家

©wikipedia

名作《星夜》、《向日葵》

巴黎只有一個，然而最苦的生活也可能是在這裡；就算它變得更糟更苦，但法國的空氣卻能讓大腦更清晰，讓這世界更美好。

Victor Marie Hugo

雨果

法國文豪

©wikipedia

著有《悲慘世界》

在巴黎呼吸，是為了維持一個人的靈魂。……是人都會犯錯，就像漫步在巴黎。

城市印象 Image

想了解巴黎文化，先懂路易十四。是他，
讓巴黎人知道，生活就是藝術。

一位經典人物

經典的法國文化，無遠弗屆影響了全世界的生活品味。想要了解這股文化根源，要從法王路易十四開始。

01 路易十四
最愛美的國王

每一年，當跨年倒數結束，全球各地人們常做的事，除了擁抱親吻，就是開香檳。單單一個跨年夜，全世界可以喝掉 3 億瓶香檳。如果你也曾在某個重要時刻如業績達成、生日，甚至朋友的婚宴，經歷過開香檳那「啵」的一聲，那麼，你的生活，已經被法國國王路易十四影響了。

在人生重要歡樂時刻開香檳，是法國人帶給全世界的重要文化影響力。在路易十四的年代，他們首創全世界第一瓶香檳。17 世紀末，由法國作家安托萬‧福提耶（Antoine Furetière）所編，號稱最偉大的法語辭典中，如此解釋「盛情款待」（régaler）：「如果你想盛情款待某人，就得準備香檳。」這種前所未見的特殊氣泡酒，一「泡」而紅。

還不只如此，許多人們已習以為常的事物，例如：你想換個造型，想找一位髮型設計師，這也是來自法王路易十四。路易十四，人稱最愛美的國王。他穿高跟鞋、戴假髮、化妝、跳芭蕾舞，更重要的是，他創造現代的時尚產業。髮型師、名牌設計師的存在，以及流行款的追求，都從他開始。

萬國博覽會般的夜間市集、外出享受氣氛美好的餐廳、逛街欣賞裝飾別出心裁的櫥窗……都是他，開創了這一切，讓講究、追求氣氛成為現代人生活中的常識觀念。

從路易十四所在的 17 世紀開始，全球第一次有這樣的經驗：法國的時尚、飲食、居家生活、藝術文化，每一項都成為眾所矚目的焦點，不僅鄰近的英國出現一本本專書大肆介紹，就連中國的康熙大帝，也要差信使去瞧個究竟。

在路易十四之前，西方文化實力最昌盛的都市，一直是義大利首都羅馬，但羅馬的影響力從來沒有全球化。巴黎不同，泡芙、黑色洋裝、有腳的兩層五斗櫃……，生活中大小細節都有其文化的影子。而且，影響到 2、3 百年後的不同國家、不同膚色的人。

路易十四擴大了法國的疆域，使其成為當時歐洲最強大的國家和文化中心。他發動 3 次戰爭，使歐洲各國臣服於法國王室，也在 17 和 18 世紀讓法語成為歐洲外交和上流社會的通用語言；國家強、有錢，加上一位難得一見、才華橫溢的君王，法國文化於是順勢主導西方品味。

路易十四不只是生活玩家，更重視文化背後的知識系統。他在建築、雕刻、繪畫、舞蹈、音樂甚至科學等領域，都建立起完備的學院。當時他巨大的文化虛榮心，驅使他建造一座囊括建築師、雕刻家、畫家與工藝家才華於一體的凡爾賽宮，耗時 40 年才完工，設計建造宮殿的藝術人才，全由學院訓練而出。同時因為工匠藝術家要討好君王搏出頭，許多人都努力將身上的技藝化為文獻，爭取國王認同，最後制定成為標準，也讓法國文化的流傳更為普遍。

當時路易十四的生活觀，就是全世界品味的風向球。從大觀念來說，「他的生活觀，特別注重精緻。」策展長達 35 年、身為路易十四文化權威的法國凡爾賽宮總監碧翠絲說，「法文裡常說：生活藝術（Art de Vivre），藝術就在生活裡，實際上這些就是路易十四時代美學觀念的主軸。」

文 / 盧怡安

◎達志影像

人物
小檔案

路易十四
（Louis XIV, 1638-1715）

全名：路易・迪厄多內（Louis-Dieudonné）
自號：太陽王（le Roi Soleil）
加冕：1654 年
事蹟：創辦全世界第一所皇家舞蹈學校，國王親自
　　　參與演出，在 26 齣芭蕾舞劇中擔任主角；
　　　建造凡爾賽宮。

路易十四的五堂品味課

因為他，你的求婚戒指變成鑽戒；因為他，跨年晚會必喝香檳；因為他，你逛街、換髮型、噴香水、玩混搭，你的一切品味，都來自這個芭蕾舞者……法王路易十四。

02 美好生活
　要懂得享受氣氛

路易十四教會我們，要享受氣氛。

以前，越是王公貴族，越少外出購物。請人來家裡展示物品，才是地位的象徵。但在路易十四的高美感標準驅使下，夜間市集誕生了。賣店從亂糟糟的貨堆，變成方整街道中，以水晶燈、明鏡、東方色彩濃厚的地毯、花瓶裝飾的氣派豪華店鋪。富有異國氣息的年輕女店員，端著稀奇的咖啡飲料前來招呼，整體散發著一種坐在家裡享受不到的氣氛。你現在習以為常外出購物的樂趣，是從那時候才開始。俗氣一點的說法，路易十四是 shopping 的祖師爺。

而到外頭有氣氛的地方喝杯咖啡，這種影響全球，你、我都視之為重要生活情趣的活動，也就是從當時開始發展的。

巴黎人追求美好氣氛的傳統生活觀，不僅限於逛街及咖啡館，他們連去逛博物館、赴歌劇院聽音樂、欣賞理性的建築，都講究要經營、浸染在特定的氛圍中。

03 講究高雅簡單
摒棄俗豔

文藝復興（Rinascimento）時期以來，高級的珠寶首推珍珠，從肖像畫看得出來，珠寶最好掛得滿脖子都是。鑽石是沒什麼用的石頭，而且除非掩蓋瑕疵，沒有人重視切磨，因為體積比光澤重要太多。路易十四卻打破傳統，依他的品味切割鑽石。而且，別想拿複雜俗豔的鑲爪底座給他，最簡單（最好是隱形）、最能襯托光芒的單純底座，才是好東西。自此，鑽石取代珍珠成為豪奢代表，但，絕對不能俗氣。

至今，法國人實際的日常服裝哲學，就像路易十四看待鑽石，仍重視從簡單裡散發的光芒。不像巴黎服裝秀裡給人的印象，那麼誇張、華麗、多變；多數人追求的，是經典裡稍稍與眾不同的創新小細節。

例如現在每個人衣櫃裡可能都有的橫條紋衣，就是法國可可·香奈兒（Gabrielle Bonheur "Coco" Chanel）女士將此法國水手穿的衣服，搬上時尚舞台，引領全世界將近百年的共鳴與潮流。沒有領子的套裝外套、膝下短裙、貝雷帽（Beret）、開襟毛衣……都是她最先倡導，成全球風尚。她與聖羅蘭（Yves Saint Laurent）先生，這兩位法國人可說是「將女性服裝現代化」的剪刀手。沒有他們，西方女人今天還在穿拖地長裙。

路易十四時代講究高雅，包括飲食的原味。「要達到口味高雅，就是盡可能用最簡單的方法，料理最好、最新鮮的在地食材。」現在聽起來再常識不過了，然而 1651 年《法國園藝家》（Le Jardinier Français）的作者邦豐（Nicolas de Bonnefons）在當年提出的新觀點，可是劃時代的革命想法。法國開始重視在地、摒棄外來香料，用食物本身的汁液加以濃縮，製成醬汁。保存原味，至今仍是法國高級料理及現代烹調的主要原則。

04 價值
取決於美學及優雅

路易十四帶領全世界開始相信：價值並不取決於價格與性能，而在美學與優雅等無形因素。在路易十四之前，生活周遭的事物，是因必要而存在，價值取決於它們能帶來多少實用功能。但對路易十四來說，美，本身是有價值的：感官越愉悅，就能帶來越大的快樂。

以料理來說，所謂高級享受，並非將食物排得滿滿一桌，也不見得要昂貴的食材；但精心忖度菜的數量、丈量桌子的確切尺寸、畫餐宴設計圖，甚至安排預演，以達到整頓用餐具有美感，優雅、精緻化……等，這些才是最重要的。

這些觀念從法文的變化中可看出，以往法文「traiter」意思是「餵食」，現代法語保留路易十四年代之後衍生的名詞「traiteur」，是指「籌辦筵席者」，生動表達出該時代之前與之後，對飲食的觀念轉換：飲食不再只是把食物送入口中而已，盤飾和氣氛的講究和食物本身一樣重要。現代的法國飲食觀念仍深受此影響。

05 藝術有經典規則
必遵循傳統

從路易十四開始，大家了解藝術必須遵循絕對正確的規則，才能達到完美極致。17 世紀時，珠寶設計、高級料理、玻璃、香水製作等技藝，都超越生活所需，成為精緻化的藝術，路易十四的年代之所以被稱作文化水準昌明，主要就是有許多匠師，以文字制定標準，將藝術規則化。當然，他們背後的標準，是路易十四的眼光。

包括《法國廚師》（La Cuisinier François）這一本書，編號整理出標準技術、基本混合物，以及原料知識，把精緻法式料理規格開列出來；或是《法國糕點師傅》（La Pâtissier François），有史以來首次註明確切的烹調時間、加熱溫度、材料用量。從此之後，法國料理及其他許多藝術領域，都有了詳細而確切的傳統，一切都根基於此再做創新。即興創作和無章法的創意，多數無法受人歡迎。

06 骨董進入居家
啟動新舊混搭風

骨董進入居家生活和裝潢，風潮已席捲全球，始則源於巴黎。這不是住在皇宮中的路易十四會倡導的活動，卻是因為他的品味，自然而然產生的結果。

早期骨董是非常少數人，以蒐藏的心態蒐集。在路易十四年代開啟的夜間市集、講究氣氛的新型商店、公開的購物環境中，許多商店陳列了從高級布料、東方珍品，到精美餐具，各式引人注目的商品，其中包括骨董物件。像是高級家具、名畫、瓷器和雕塑品等。

富裕而時髦的顧客（包括國王），在市集中找尋新鮮的樂趣，也將骨董當成新奇的玩意，帶回家裝飾。因為市集的氣氛和戲劇效果，讓骨董順理成章變為可買、大家追尋的新鮮貨。

直到今日，混搭骨董和現代的元素，已成為一種時尚。

「3百年來，我們從來沒有因為法國大革命而把過去（路易十四生活哲學）完全忘記、丟掉，而是有新的東西融合進去。」凡爾賽宮總監碧翠絲說，「古老和現代、過去和今天，兩種不同的文化交織在一起，其實是很典型的法國文化：不斷融合。這種尋求新舊融合的態度，我想就是法國品味中，最重要的特色。」

文／盧怡安

美食 Gourmet

法國菜獨步全球，被視為幸福的象徵，
是歐式料理精髓中的精髓。

法國菜三大價值

長久以來，講到法國料理，除了米其林星級餐廳之外，大家想到的就是很「貴」。到底法國菜貴在哪裡？簡單說：你付出的價格，並不只買幾道料理的美味，其實是買一個超過 6 百年歷史的精緻美食 SOP。

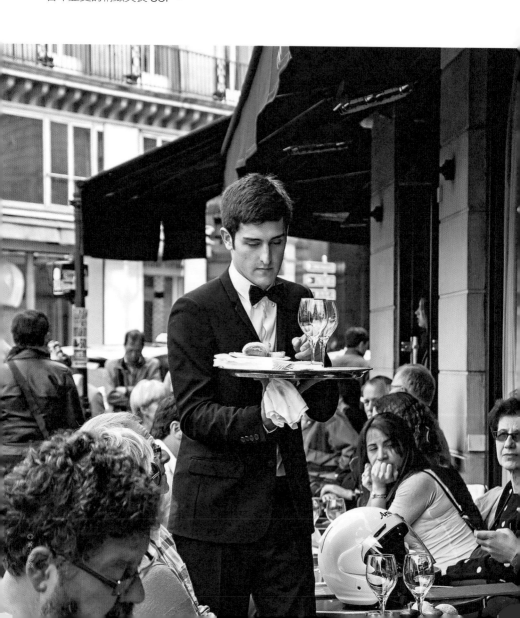

07 繁複料理與服務程序 歷經 6 百年淬煉

早在 14 世紀晚期，印刷術尚未發明之前，法國宮廷名廚泰爾馮（Taillevent）就已經編寫了一本《食譜全書》（Le Viandier），書中介紹了這位大廚為王公貴族宴請賓客所設計的各式菜單與明確做法。包括當時上菜的順序分為數輪，也都訂得清清楚楚。像是第一輪中有肉桂清燉醃雞、香草雞，第二輪則上烤肉、烤孔雀，第三輪續上紅燒鷸鴣、鹿肉法式凍派等，最後一輪就上各式水果甜點。「上菜服務」（service）一詞，就是來自於這本食譜。

到了 17 世紀路易十四的宮廷與貴族，更發生菜色及口味上的革新，發展出屬於法式料理的一套，而且路易十四的廚師還把各種料理的方式都文字化存檔。既然是源自宮廷的講究，每一道程序都馬虎不得，這些細節至今還在影響法式精緻美食的做法。介紹歐洲筵席歷史的《盛宴》（Feast）說明，「也正是這段期間（1650-1670），凡爾賽宮確立這種新的飲宴方式為『法國風格』（service a la francaise）。」並且在往後一個世紀逐步擴展到貴族、中產階級，使得巴黎成為歐洲高級美食的重鎮。今日英文的餐廳（restaurant）一字，正是源自法文高級餐廳。

細膩繁複的烹調過程成為法國料理的代名詞，平均工序多達 230 幾項，而且跟中式美食不一樣，中式十分依賴人治，法式則是標準非常統一。

繁瑣細膩不只表現在烹調，更代表服務。在巴黎高級餐廳莫里斯飯店（Le Meurice）用餐，每個服務生的身段都要如天降神兵，客人若不小心將湯匙掉在地上，服務人員瞬間如隱形人般現身，先將新湯匙放回桌上，再以迅雷不及掩耳的速度，為客人撿走躺在地上的湯匙，彷彿一切都沒發生過。

今日法國對於高級料理餐廳的服務生與客人的人數比例，都還有嚴格規定，基本上 1 個服務生不能服務多於 4 個客人。你如果花了大錢吃法國菜，得到的服務生客人比例卻不對，就表示那家餐廳還不夠貨真價實。

©達志影像

08 廚師養成，高貴的投資

一位專業法國廚師的養成，是時間、努力與金錢的累積。知名的
「巴黎藍帶廚藝學校」（Le Cordon Bleu）創建於 1895 年，曾培
育許多法國料理與甜點專業人士，在全球的法國餐飲界有相當的影
響力。其中最有名的畢業生之一，就是改造美國飲食文化的名廚茱
莉亞・柴爾德（Julia Child）。

茱莉亞在回憶錄《我在法國的歲月》（My life in France）中提及參
加藍帶課程的經歷，班上學生從基本功開始練起，削馬鈴薯、切洋
蔥就搞了好幾個月，再進入各式法國菜的烹調。如今，要拿到藍帶
學院的結業證書（Grand Diploma，包括基礎、中級、高級料理及
烘焙課），若選擇在巴黎上課，學費是 39,100 歐元，相當於 152
萬元新台幣。這 150 多萬元，換的不只是法式料理的功夫，更是
其背後一套悠久歷史傳承至今的美食文化。

©達志影像

09 高檔珍饌，產地獨有

法國料理講究使用法國本地獨特的食材，為了做到位的法式美食，許多食材都得要千里迢迢坐飛機，所以在法國之外的法式餐廳常比法國更高價。

歐洲人心目中 3 大珍饌——鵝肝、松露、魚子醬，前 2 項就由法國獨占鰲頭。法國鵝肝產量占全球 8 成以上，而這只夠供應全球餐廳 8% 的需求。松露的法文 truffe，源自法國普羅旺斯（Provence）方言，是一種蕈類，被法國美食家稱為「廚房裡的鑽石」；最高級的黑松露也是法國獨產，價錢比其他國家的松露高上數倍。

正因為食材獨特又稀有，加上所有講究的細節，一頓法式高級料理，貴得的確有其道理。

文／游惠玲

一大美食聖經

法國人評鑑美食的威力，能左右全世界優質餐廳的營運，甚至足以影響廚師的生死。

陳炳勳 攝

10 米其林指南
三星制評鑑先驅

世界最具影響力的美食評鑑在法國。是法國人，説服了全世界使用美食評鑑，被認為是發掘極致美食最有效率的方法。然而真正了解法國文化，會發現美食指南極多，隨處書店都可見 40 至 50 本，各有著重、專業的部分，與立場、態度的差異。

《米其林指南》（Le Guide Michelin）是知名度最高的一本美食指南，發行量最大與最廣，一年有 70 國、1 千 8 百萬人埋單。其影響力之廣大，1966 年甚至有一位法國廚師，因米其林星等降級而自殺。

《米其林指南》原為米其林輪胎公司（Michelin）1900 年起為顧客駕車旅遊所製作的美食指南，創立為世人熟知的三星制評鑑，嚴格

謹慎。原始標準為指派美食方面不同領域的專業人士，如水晶杯專家、刀叉專家、牛肉專家暗訪，長時間觀察後決定評等。過去經常有觀察 10 年以上才列星級的紀錄。直到 2008 年起才開放標準，開始有較多甫開幕的新餐廳、年紀輕輕的主廚入榜，也重視法國本土以外，追求法式料理精神的海外餐廳，促成米其林指南的國際化，至今有 20 多個國家列入範圍。

資訊翔實是《米其林指南》的一大特色，例如能不能刷卡、車位有多少、座位有多少個都清楚列出。評鑑標準較為著重主廚的經典傳統料理，但文字描述不多，平鋪直敘不加文學修飾，態度謹慎，給予評等或摘除星級通常都速度不快。至今，法國本土版仍較海外版評鑑受信賴。

文 / 盧怡安

法國美食指南前三名

除了《米其林指南》之外，《高特米魯指南》（*Gault & Millau*）、《饕客指南》（*Le Bottin Gourmand*）是分居二、三名的重要指南，都具有長年的信譽。

《高特米魯指南》：善於預測未來新星

特色：詩一般的文風，短短 2 百字內趣味盎然，常有挑釁、欣慰等不同情緒。1973 年在法國新派料理風潮崛起時，兩位記者聯名創立的指南。為改善指南本身沒有閱讀樂趣的缺點，文字描述力求豐富，例如主廚的笑容或身材若有特點，都會納入介紹中的一行字，成為具有臥遊與閱讀性的經典指南書。不過，也曾有廚師因指南降低其評等，而飲彈自盡。

著重：創新性的料理，細心觀察主廚當代的詮釋力，預測未來新星的能力更勝《米其林指南》。

《饕客指南》：最方便攜帶

特色：城市旅客容易攜帶與閱讀的小巧指南。特色是會針對使用顧客，細分成親子餐廳指南、商務餐廳指南，多半不像其他重量級指南那麼有重量，方便攜帶。

著重：全面性的餐廳介紹，不獨鍾法式料理。例如巴黎的阿拉伯茶館、中式餐廳，都在介紹之列，也較適合觀光客。

法式料理六大精髓

法國廚師最了不起的品味，是用現代化手法，與過去接軌，讓人重拾傳統的美味。想要品嘗法國料理的精隨，一定要有一個開放的味蕾。

馬賽魚湯

11 鄉村菜
高級料理的原點

法國鄉村菜是高級料理的原點，譬如馬賽魚村粗獷的魚湯（bouillabaisse），現為國際宴客的經典菜式。法式高級料理的背後支柱，來自最樸實的鄉村。法國名廚保羅‧包庫斯（Paul Bocuse）的一生，能說明法國鄉村菜有多麼重要。

保羅是《米其林指南》史上得過最多「三顆星」的廚師。1970 年代起，以他為首的「新派料理」廚師致力改良法國菜，法國菜從原本豐厚香醇、湯汁很多的樣貌，轉變為眾人熟悉的大盤子盛小盤子、小盤子盛更少份量的菜餚；醬汁不多，像水彩一樣塗於盤面；並融合日式料理的呈現手法和食材等，國際接受度頓時提高。然而這些高級精緻的法式料理，無論如何創新，最終，廚師們發現，仍要回到鄉村菜的精神：以酒入菜、保留原汁原味、用當地盛產的食材等，最傳統的菜式，才能感動人心。

後來，保羅反璞歸真，回到法國菜的最原點。現在，翻開他的菜單，一定還是最古典的布根地蝸牛（escargots de Bourgogne）、黑松露湯（soupe aux truffes），以及布列斯雞（volaille de Bress en vessie）等不變的鄉村菜式。雖然平凡，卻還是能讓最不屑米其林虛名的美食家俯首。

因此，想要了解高級法國料理為何傑出，懂得法國各區鄉村菜的美味祕訣，與當地文化下所衍生的飲食觀，你就會豁然開朗。

12 小館子家常菜
體現料理底蘊

遍嘗法國米其林星級餐廳的美食作家謝忠道表示，想品嘗法國菜的精髓，有些迷思必須先打破：法國的餐廳不是只有米其林餐廳值得拜訪。

美食指南不只介紹高級餐廳，也推薦小館子，米其林指南上有人頭標示的「Bib Gourmand」，表示價廉物美，多半很有特色。在謝忠道看來，這些小館子更能代表法國料理的精髓：認真的廚師可能每天上市場採購當地最新鮮的食材，雖不像星級餐廳透過品質絕佳的養殖業者送來，但新鮮度和選擇性更自主。正因為沒有星級的包袱，可以自由挑選水準高但知名度不怎麼樣的小酒莊或乳酪，以當日採買到的少量高品質食材，即興創作。

通常「端不上檯面」的道地食材，像是小牛肝、羊腦、豬鼻子、小牛頭，以及燉扁豆砂鍋、普羅旺斯燉蔬菜等菜色，反而在小館子容易吃到。法國大廚的創意作品，也經常演變自這些傳統的家常菜。錯過小館子料理，也就失去對法國料理基底的認識，只能停留在膚淺的層面。

小牛頭，是謝忠道在法國多年都不是很有意願嘗試的一道傳統菜，直到有一回去巴黎一家小館子，小牛頭是他們的招牌菜，盛傳是法國前總統席哈克（Jacques Rene Chirac）最愛。雖然席哈克並非美食家，這道菜多半也被認為是上不了檯面的鄉村料理，但謝忠道說：「我就是好奇什麼樣的滋味能讓一國元首愛上？」

原來小牛頭並非把一顆牛頭端上桌，而是煮熟後，將頭部的骨邊肉和膠質剔下，佐以酒醋和芥末醬汁。對於陌生的部位、口感、質地，難免有心理障礙，這很正常，但一口吃下，好吃嗎？謝忠道說：「不難吃，接近我們軟Q的豬腳嚼感。」嘗嘗小館子家常菜，才可以更了解法國文化中對其處理的態度、手法與滋味。

謝忠道說，最近幾年，巴黎的外籍廚師人才輩出，來自日本、巴

法國小館子家常菜，小牛頭

謝忠道 攝

西、義大利、西班牙等，這些年輕廚師的共同特點是：法國菜做得比法國人好！尤其是日本廚師，甚至有此一説：「高級餐廳的廚房裡幾乎都有日本人，巴黎餐廳的水準是日本廚師撐出來的！」外籍廚師也以法式技巧融入屬於自己文化特色的味道。這些新人多半沒有太多本錢將餐廳開在高級地段，或是花錢弄排場裝潢，可是其做菜的活力熱情，沒有包袱的創造力，讓這幾年巴黎美食界最精彩的故事，都發生在這些新開的小館子裡。

傳統蔬菜燉肉

13 尊重傳統
開放心胸不斷嘗試

法國人在飲食方面最值得分享的品味和生活態度是什麼？長年旅居法國的謝忠道説，最重要的是「對傳統的尊重，以及用開放的心胸不斷嘗試，展現出來的創造力。」法國餐飲大師級人物亞倫·杜卡斯（Alain Ducasse）就是絕佳的例子。

亞倫·杜卡斯這個名字是頂級法式餐廳的代名詞，其集團旗下的餐廳同時擁有 20 多顆米其林星星。不過他最了不起的地方，不是花稍的食材、前衛的做法，或是華麗的排場，而是擅長詮釋最老掉牙的傳統，加以現代化，與過去接軌，讓人重拾傳統的美味，以及讓陳舊的小館子復活。亞倫·杜卡斯在其同名餐廳（Alain Ducasse au Plaza Athénée）拿下米其林三星的評價後，買下兩間巴黎很有歷史，卻瀕臨倒閉的小館子：「貝諾」（Benoit）和「里昂風味小館」（Aux Lyonnais）。後者看不到什麼新花招，全是傳統里昂（Lyon）菜系，專營燉牛羊肚、扁豆沙鍋、胡蘿蔔燉牛頰等等菜色，改良過於濃重油膩的醬汁，用符合現代人講究清淡爽的口味來傳承世代。

不僅如此，「貝諾」經常推出老食譜、絕版菜色或是過去大廚的經典作品。如最近推出的 19 世紀歷史名菜（Plats d'Histoire）系列：羅斯柴爾德淡水螯蝦酥芙蕾（soufflé aux écrevisses Léopold de Rothschild）、亨利四世老母雞盅（poule au pot Henri IV），以及洛克斐勒綠殼生蠔（Huître Rochefeller）、威靈頓牛肉捲（Boeuf Wellington）等，每一道都是從法國餐廳中絕跡已久的化石料理重新復活的。

此外，杜卡斯對老館子有特殊的感情，買下後花了許多心力整修，讓巴黎人重新發現近百年歷史餐館的拼貼磁磚、仿火車車廂掛衣架、原木鑲錫邊的古老吧台等，這些有價值的細節。現在「貝諾」是米其林一星餐廳，「里昂風味小館」則是要 2 天前預訂的排隊小店。

朝鮮薊燉牛肉

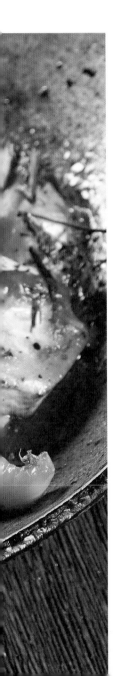

杜卡斯曾為摩納哥王室婚禮制定菜單，更清楚表達出他的料理精神：沒有炫人出奇的菜色，除了一般的地中海傳統菜，如摩納哥小點心、紅漿果奶酪，其他強調的都是當地食材、附近農家的奶酪蔬果、摩納哥近海海鮮等。沒有鵝肝、松露或魚子醬，只有新鮮、當地、道地，謝忠道說，這才是法國菜的真諦。

法國人和酒有著親密關係，這一點，可以從他們酒菜搭配的藝術上，看得非常清楚。法國人不只愛喝酒，他們對酒與菜的搭配，有著外人難以想像的狂熱，無論吃什麼都想搭配酒，酒的搭法天馬行空。在他們心中，沒有食物找不到酒來搭配的。謝忠道表示，到法國 20 多年來，參加過詭異的酒菜搭配餐會還真不少：巧克力全餐配葡萄酒、啤酒配乳酪，甚至也有日本清酒拿來搭乳酪的，法國人真是樂此不疲。這正是把法國料理推向精緻化的重要動力之一。在法國，即使不怎麼懂酒的人，也不會拒絕打開心胸、嘗試搭配。正因為習於瘋狂「味道連連看」的遊戲，造就不少廚師奇特的靈感和創作。

想要品嘗法國料理的精髓，謝忠道以為最重要的一點是：「慢慢享受用餐時光。」也就是老一代人說的：細嚼慢嚥，全面感受味道給予的愉悅。

Info.
亞倫‧杜卡斯同名餐廳
（Alain Ducasse au Plaza Athénée）
地址：Hôtel Plaza Athénée, 25, avenue Montaigne,
　　　75008 Paris
電話：+33-01-53-67-65-00

貝諾（Benoit）
地址：20, rue Saint Martin, 75004 Paris
電話：+33-01-58-00-22-05

里昂風味小館（Aux Lyonnais）
地址：32, Rue St. Marc, 75002 Paris
電話：+33-01-58-00-22-06

14 嚴格遵守食材產地制 保存美食遺產

法國人對食物的愛好，來自對土地物產的執著，一個絕佳的例子就是乳酪；幾平方公里內該養幾頭牛，該在什麼季節用什麼手法和道具生產乳酪，都有嚴格規定。歐洲多數國家都有自己的乳酪，法國乳酪勝在種類繁複多樣，口味和做法多到不勝枚舉。而法國人就像用保護絕種動物般的態度，盡力保存傳統美食遺產。

法國乳酪也像美酒，有 A. O. C.（Appéllation d'Origine Contrôlée，法國政府部門對農產品提供的地理標示認證，證明該產品是符合當地傳統的手法、產地和規矩生產而成。為了讓這個系統在歐洲統一化，將改名 Appéllation d'Origine Protégée，簡稱 A. O. P.）產地制度嚴格的規定。許多半官方組織努力蒐集探訪快消失的乳酪做法，一個很有代表性的例子是羅卡馬杜乳酪（Rocamadour）。這款山羊乳酪，產自法國西南部同名小村，因為手法繁複、價格昂貴，20 年前幾乎絕跡。但經過奔走努力，羅卡馬杜乳酪復活成為地方無可取代的特產。在全球同質化嚴重的影響下，法國人對於古老的做法仍尊重崇敬，並為境內 4、5 百種之多的乳酪，多保留一種而感到驕傲。

謝忠道偏愛的乳酪是熟成年份不同的康醍乳酪（comté）。「這是我最早喜歡的一款，氣味不重，色澤乳黃或稻黃，有點像豆沙或蓮蓉般沙沙的口感，微鹹的味道則容易想起花生、胡桃等乾果，甚至鹹蛋黃，喜歡奶味的人很容易對它如濃縮奶的滋味著迷。」牛在夏季吃鮮草，冬季吃乾草，味道不太相同，熟成的潛力也不同。陳年的會有如鹽粒般的結晶顆粒，吃來多層次。

Info.

羅卡馬杜乳酪（Rocamadour）
原料：山羊乳
類別：半硬質乳酪
特色：初熟期可融化在吐司上、成熟期可配紅酒享用

康醍乳酪（comté）
地位：法國產量最大乳酪，每年超過 4 萬噸
原料：牛乳
類別：硬質乳酪
特色：溫和奶味，年份越久越醇

法式煎鵝肝

15 講究季節滋味
廚師水準的指標

到了法國餐館到底該不該吃鵝肝、生蠔和松露？謝忠道的答案是：
看季節。

法國有種說法：適合品嘗法國生蠔的月份，是 9 月到隔年 3 月。
雖然養殖技術進步，幾乎全年可得，但生蠔原是秋冬的食材，懂的
人就會選這時候。松露則是 11 月至隔年 2 月，滋味最豐富強烈，
其餘時間不是香氣較平淡的夏季松露，就是罐頭或冷凍品。冬季除
了松露還有龍蝦、螯蝦和肥鵝、鴨肝。每年 3 月春季則是綠蘆筍
先出現，再來是白蘆筍，從南法普羅旺斯一路往北經羅亞爾河谷
（Vallée de la Loire）推至亞爾薩斯（Région Alsace），隨著產期推
出季節蔬菜。春季肉品珍饈則是小牛、小牛胸腺和羔羊等。

常有朋友問謝忠道某餐廳的招牌菜是什麼、主廚的拿手料理是哪
道，謝忠道總是回答不出來，「好廚師經常隨季節換菜單，我可能
只吃過一兩季的菜色，未必還在菜單上。」

真正的美食行家絕對講究季節，廚師是否講究季節是水準高低的指
標。許多小餐館用黑板手寫菜色，一份印刷好的萬年菜單通常是負
面指標。點菜最重要的技巧，就是直接問侍者，現在什麼食材最當
季？今日推薦的菜色是什麼？只有當季，才能嘗到絕品。

16 醬汁即精華
吃乾抹淨才是尊敬

頂級法國料理迥異於其他料理的重要特質是藝術性。謝忠道習慣欣賞盤飾設計，仔細看菜的結構、食材切割的方式、雕琢疊砌的形式等。比如有位廚師的鴨肝鑲乳鴿，整隻乳鴿成球狀，看不到鴿子脖子和尾端的縫線痕跡，技巧極高。「我也曾看過黃色鴨肝濃湯中潛伏兩尾鮮紅的小龍蝦，上覆蓋一片綠葉，宛如一幅池塘繪畫。」謝忠道說，遇上這樣的作品，若是錯過欣賞就可惜了。

接著一定要先嘗醬汁。醬汁是法國菜的精華所在，也最考驗主廚功力。說穿了，醬汁就是一種濃縮高湯。廚師將湯汁濃縮到不偏不倚的稠度，又完全掌握恰到好處的鹹酸苦甜，沒有多年的經驗與熟練是做不到的。品嘗醬汁有點像品酒，趁味蕾尚未跟其他材料混合前，最能嘗出醬汁的奧妙。留意醬汁入口著舌時的力道，均衡與否，層次變化，圓潤或油膩，餘味悠長與否。但醬汁是為了搭配材料，單獨品嘗過重、過鹹，以一小口麵包沾著吃，是非常法國人的吃法。甚至吃完整盤後，用麵包擦盤，將剩餘醬汁抹淨，對主廚或請客的主人是種尊敬。

謝忠道說，曾吃過一道野菇鱸魚的佐肉醬汁，光可鑑人，不必品嘗就知道不是凡品。因為只有真正將湯汁濃縮至此，而非以麵粉奶油或是其他方式取巧的醬汁才能有這種效果。好醬汁只要一點點，複雜而有變化是上乘醬汁的高明之處。你可以清晰感受某些重要材料在其中的角色（如酒的單寧，香料的氣味，膠質的柔滑），如一場表演藝術，只是這種經驗僅在個人味蕾上展現，非常私密。

謝忠道另一個完全不同的經驗，是「露西鱸魚」（Bar de Lucie），醬汁不是濃縮湯汁，而是橄欖油、檸檬汁、鼠尾草、巴西利等普羅旺斯香草組成。謝忠道說，到現在仍鮮明地記得醬汁的味道，每一種材料的香味滋味都明亮清晰，在味蕾上層層釋出：檸檬清香酸爽，橄欖油輕盈圓潤，巴西利與鼠尾草的強悍厚實，最後又收於圓融和諧。很難想像要找到這個完美比例該花多少功夫。但謝忠道也表示，可惜為了迎合現代人對健康瘦身的迷思，法國在最近 10 年對醬汁有逐漸摒棄的現象；很多廚師喜歡用橄欖油或調味過的蔬菜泥取代，雖然討好又不費工，但法國菜裡的醬汁技術與文化卻漸漸萎縮了。

文／盧怡安

三大經典菜色

紅酒燉牛肉（boeuf Bourguignon）、馬賽魚湯及油封鴨
（duck confit），最經典的法國料理都源自鄉村菜，其美味
祕訣與當地飲食觀息息相關。

17 紅酒燉牛肉
加布根地酒最道地

電影《美味關係》（*Julie & Julia*）中，女主角捧著世上第一本英文法國菜食譜書，由「美國傅培梅」茱莉亞‧柴爾德撰寫的《掌握法國烹飪藝術》（*Mastering the Art of French Cooking*）反覆在廚房練習，立志要烹煮成功的經典法國菜，就是紅酒燉牛肉。

紅酒燉牛肉的傳統風味十分濃郁熾烈，選用半筋半肉的牛肉部位，以大量奶油與麵粉加香辛料炒過，加入布根地（Bourgogne）紅酒小火燉熬，收濃的酒汁、醬汁是一點一點滲進牛肉塊裡去的，肉質軟而不散，帶著甘甜甘鹹之味。單吃紅酒燉牛肉會略略顯膩，若加上胡蘿蔔、洋蔥等配菜，再搭配略帶酸澀的紅酒，就能在口中顯現不同的美味層次，達到完美平衡。

法國料理中以紅酒入菜的飲食觀，起源於布根地。布根地跟法國其他地區一樣都生產葡萄酒，但更強調小農特色，不以量產為重心，只在乎精緻而獨到，一輩子只求做好一件事。那份對自家酒獨一無二的強烈自信，釀就了他們比誰都強調要以酒入菜的精神。無論燉牛肉、燉雞，或是當地盛產出了名的蝸牛，對他們來說，絕對都要注入紅酒才對味。

18 馬賽魚湯
漁夫料理講求新鮮

馬賽魚湯是港口漁夫以當日漁獲燉煮攪碎的豪快料理。魚的種類混雜，通常都是最低下、賣不出去的，但講究的是絕對新鮮。傳統上煮得略鹹，用來補充勞力者揮發的汗水。

維多利亞時代（Victorian era）的英國小說家薩克萊（William Makepeace Thackeray，1811-1863）曾在《魚湯民謠》（*The Ballad of Bouillabaisse*）中頌揚享用馬賽魚湯的好滋味。小說《哈利波特》（*Harry Potter*）第四冊的情節中，也將馬賽魚湯描述為宴請貴賓的名菜。

傳統的馬賽魚湯不含蝦、蟹、貝類，看來樸素，不過流行到城市後被精緻化，有的會附上微辣的紅椒美乃滋、乳酪絲和薄脆麵包片，更甚者如巴黎，為了讓湯品賣相更好，加入整尾的蝦、蟹以及淡菜等貝類，讓這道湯看來更加色香味俱全。

這道經典法國料理，來自地處南法的普羅旺斯，此區長久以來是法國境內民族最混雜的一區，受義大利文化、阿拉伯民族、非洲移民等影響，造就菜色新穎不拘泥的態度，及多國民族都擅長使用的香料入菜。普羅旺斯菜醬汁較少、做法較簡單，使用橄欖油與香料為底；蔬菜較多、色彩也較繽紛，如尼斯沙拉（Niçoise salad）、香料燉菜（ratatouille）等。

19 油封鴨
古早保存食物的智慧

油封鴨是非常典型的法國代表菜，整隻鴨腿放入鴨油或鵝油中，加鹽冷藏醃漬 36 小時，再以小火加熱，以低溫（不超過 85℃）熱浸泡的方式烹煮，冷卻後可以連同油一起封罐保存，這種油封法可以保留鴨的原味，也是古早法國人保存食物的方式。

油封的法文「confit」音譯接近「功夫」，再加上這道菜確實得花費不少功夫，因此也有人稱之為功夫鴨。

油封後的鴨腿去鹽後略煎或烤，鴨皮呈現酥脆感，鴨肉則變得非常柔滑軟嫩，滿溢油脂卻不膩口，可充分品嘗禽類的鮮香。滲出來的鴨油還可以用來煎馬鈴薯片，將鴨肉精華吸盡。

法國料理中經常入菜的鴨，屬西南部土魯斯城（Toulouse）這裡的最有名。土魯斯城過去是法國貴族常去的獵場，此地長久以來嗜吃禽鳥、蕈菇等野味，獵季時吃的菜特別講究保存野味，不追求細工，因此當地人傳統烹煮野味的方法也比較單純：用砂鍋直接燉煮食材，保留原汁原味。手法雖簡單粗獷卻需要耐心，等待不加矯飾的鄉村原味。

文 / 盧怡安

© wikipedia

焦糖榛果佐香檳冰砂

一大甜蜜享受

西方人吃甜點，是財富與品味的象徵，法國人更視甜點為玻璃櫃中的珍寶，讓甜品擁有獨立性格，一個個精緻細膩。

20 甜點
巴黎人的另類珠寶

法國菜或許不是全世界最好的料理，中國菜、日本菜、義大利菜都各擅勝場。但是説法式甜點世界第一，大概沒人能反駁。法式甜品精緻複雜，層次多元，滋味多變；就技術而言，可能也是最精確微妙的。

中國人的飲食文化中，甜品不是重點，但西方不同，這是有淵源的。幾千年以來，歐洲因為冷，無法生產熱帶的甘蔗，要仰賴進口才有糖，稀有而珍貴。糖究竟有多珍貴？曾有位牧師做客喝咖啡時，在杯子裡多放 3 瓢糖，竟被主人惡狠狠瞪著。由此可理解，長久以來，歐洲貴族才享受得起甜點，更是階級象徵。2 百年前的歐洲，僅有錢人家才會吃甜點，甜品種類的豐富性，因此不斷被發揚光大。到了 1812 年，法國人杜立瑟（Benjamin Delessert）從甜菜提煉糖的技術獲突破，讓歐洲有自產糖的能力並普及化，糖不再高高在上。但甜品的特殊地位，已根深柢固於西方飲食文化，不可動搖。

法國人，更讓甜品擁有獨立性格，法式傳統甜點的樣式，影響全世界。他們傳承自義大利，卻是真正書面建立甜點製作標準的民族。自此，一位好的西點師傅，無論發明什麼新式甜點，均源自於這些經典樣式，不偏離。

對傳統配方正統性的講究、對發揮豐富創意及獨特性的要求，以及對美感的追求，正代表法國料理新舊並重的精神。

美食作家謝忠道説，在巴黎，名聲大的甜點連鎖店到處可見，倒不表示品質多好。謝忠道比較推薦以主廚為名的個人名店，如皮爾·赫爾梅（Pierre Hermé）、雨果＆維克多（Hugo & Victor）、雅克·喬拿（Jacques Genin）、卡爾·馬力堤（Carl Marletti）、傑哈·米魯（Gérard Mulot）等；重點在於鮮度，甜點新鮮度是最難掌控的，這些個人名店的甜點產量有限，新鮮度的控制比連鎖店好很多，如千層派（mille feuille）放置幾小時就軟塌，馬卡龍（macaron）餅殼會變硬脆，水果塔（tartelette）底下的派皮則容易被浸濕。

除了糕餅麵包店的甜點之外，餐廳飯後的主廚甜點更是法式料理一絕，像是需要現點現做的酥芙蕾（soufflé）、烤布蕾（crème brûlée）、紅酒燉洋梨（poire au vin rouge）等。

法國餐廳甜點著重廚師的技巧和創意。星級餐廳的甜品，往往重視盤飾效果，不難遇上精雕細琢如藝品的甜點，如二星廚師曼努耶·馬丁尼（Manuel Martinez）現做的千層派。另一位二星主廚尚馮索·皮耶吉（Jean-François Piège）則每年推出一種新版巧克力醬西洋梨。

文 / 盧怡安

Info.
皮爾·赫爾梅（Pierre Hermé）
地址：72 Rue Bonaparte, 75006 Paris
電話：+33-1-43-54-47-77

雨果＆維克多（Hugo & Victor）
地址：40 Boulevard Raspail, 75007 Paris
電話：+33-1-44-39-97-73

雅克·喬拿（Jacques Genin）
地址：133 Rue de Turenne, 75003 Paris
電話：+33-1-45-77-29-01

卡爾·馬力堤（Carl Marletti）
地址：51 Rue Censier, 75005 Paris
電話：+33-1-43-31-68-12

傑哈·米魯（Gérard Mulot）
地址：76 Rue de Seine, 75006 Paris
電話：+33-1-43-26-85-77

八大正統甜點

能夠做出嶄新創意的法式甜點師傅，必對正統甜點瞭若指掌。先了解以下這 8 種甜點，才能體會創意新潮法式甜點變化、突破的難易，以及感動人心之處。

21 馬卡龍
性感如少女酥胸

堪稱法國甜品之王的馬卡龍，被謝忠道暱稱為「性感小圓餅」，法國人則著迷於它酥鬆香軟的口感，用「少女的酥胸」來比喻，可見此款甜點受人喜愛的程度。

講得出馬卡龍的道理，也懂得品嘗，就算是修了法式甜點第一課。馬卡龍原為 1791 年義大利修道院僧侶發明，1799 年法國大革命時，由逃至法國南錫（Nancy）的義大利修女引進。其材料之簡單：杏仁粉、糖與蛋白；成功關鍵卻極為複雜：溫度、濕度、時間、手勁、時機等，缺一不可。

馬卡龍製作的難度在於，做得好的，外觀有微弧度，非扁型；「裙邊」（指兩片外殼靠內處）需夠膨，有點微凸。蛋白打發、烘乾後，氣衝不出去而從裙邊處發開，微凸出來的微妙程度，牽涉到烤溫、攪拌狀態和烘乾、靜置時間，是最難之處。做好放兩天，比馬上端出去好，靜置吸濕後的濕潤度和表面脆殼的對比，比較剛好。

品嘗馬卡龍時，首先要欣賞其殼脆餡軟的細膩口感。餡可以千變萬化，但口感和外殼材料絕對不能動手腳。用代糖等其他材料，會不夠甜，且殼的脆度完全不對。

雖然法國與義大利皆有蛋白霜，但有所差別。義式蛋白霜較容易做：糖水煮到 118℃，倒入微發蛋白繼續打發，水分已經很少，因此不易失敗，但殼會較厚一點點，也較甜。法式蛋白霜直接用蛋白與糖打到堅挺，費工且易失敗，但殼更薄酥，脆皮只一點點，口感更細緻微妙。

呂恩賜 攝

22 可麗露
焦脆香軟的天使之鈴

焦糖脆皮內是軟嫩有彈性的糕體，小口咬下滿溢著香草籽的迷人香氣，這是可麗露（canelé，發音近卡納蕾），最古老的法式甜點之一，外形像是鈴鐺，因而被日本人暱稱為「天使之鈴」。相傳為 18 世紀波爾多（Bordeaux）地區報喜修道院（couvent des Annonciades）內的修女所發明。可麗露的特點是只加蛋黃、不用蛋白，據說是傳統波爾多釀酒時，只以蛋白泡濾酒，餘下太多蛋黃，因而被用於烘焙中。

可麗露的欣賞重點：皮要脆且厚度扎實，內要軟而保持濕潤，通體色調均勻。要達到此 3 項標準，製作時必須使用傳統受熱均勻的銅模，在進烤箱之前還得以蜂蠟澆淋使表皮脆硬；若只用奶油而無澆蜂蠟，外型像，但皮會薄脆不夠硬挺。另外烤箱溫度及時間都要掌控，烤過頭外皮會太硬，同時要使用新鮮香草籽才是正統。

呂國賜 攝

23 歌劇院
貴族般享受多層次口感

歌劇院（Opéra）是一款重口味的杏仁海綿蛋糕（Joconde），夾層層的咖啡奶油餡及巧克力醬（ganache，又稱甘納許），最上層還有一層如鏡面般發亮的巧克力翻糖（glaze）。

據傳歌劇院蛋糕是由 1890 年開業的達拉優（Dalloyau）甜點店於 1955 年發明，當時是為了提供給赴歌劇院的貴族中場休息時享用而製作的，加上長方形的外貌有點像是巴黎歌劇院（Opéra Garnier）而得名。

層層疊起的歌劇院，因咖啡奶油醬本身沒水分，海綿蛋糕體要抹大量咖啡酒至濕潤，整體入口才易融化開來。滑潤口感和咖啡好不好是製作重點，巧克力醬可以盡量表現其苦味，加奶油醬入口要協調成剛好。

郭政彰攝

名廚杜卡斯的創新蘭姆巴巴。

謝忠道 攝

24 巴巴
東歐甜點嫁到法國

在法國傳統到不行的老式甜點巴巴（baba），是知名東歐甜點沙瓦林（Savarin）的前身。1725 年隨著波蘭公主嫁路易十五（Louis XV）時所帶的甜點師傅史都荷（Stohrer）來到巴黎，以蛋糕沾浸蘭姆酒和糖漿後，綴奶油而成。

而後此款甜點在巴黎發展為蘭姆巴巴（baba à rhum）：圓錐狀的鬆糕，浸或淋上糖水後，加上蘭姆酒，最後點綴鮮奶油。光看材料就知道這甜點熱量多高、味道多膩。法國餐飲大師級人物亞倫‧杜卡斯根據傳統而又變化出新的蘭姆巴巴，讓美食作家謝忠道讚其「滋味之美好實在是無人能及。」

因為杜卡斯竟想出用陳年上好的雅馬邑（Armagnac，高級白蘭地），取代酒精味濃重強悍的蘭姆酒，把滋味推向芳香醇美的那一頭。更厲害的是打出口感細膩清爽的鮮奶油，將新的搭配夥伴，包融在醇香不膩的奶味中。他的手法，讓謝忠道對這一款平常非常不喜歡的甜點，變成念念不忘的懷想。

正統的巴巴一定要甜，通常都有紙墊，因為做完推出後，糖漿仍會不斷滲出來，才叫飽滿，若無則表示糖漿量不夠充足。麵包體應充分吸飽，顯得十分 Q，是魅力所在。

郭政彰攝

25 瑪德蓮
蛋糕體扎實有勁道

「歐盟咖啡沙龍」（Café Europe）文化交流時，瑪德蓮（madeleine）屢被法國選為國家代表的甜點。這款來自法國小鎮孔梅西（Commercy）的傳統點心，相傳為路易十五的丈人——斯坦尼斯公爵（Stanislas Leszczynski），舉行晚宴時，因蛋糕師傅負氣離去，一名侍女瑪德蓮（Madeleine）以母親配方所製甜點救急，後因路易十五夫人所愛而廣為流傳。

瑪德蓮的欣賞重點在其扎實感。蛋糕體太軟而無勁道，不算正統。其次，懂得欣賞蛋糕的凸起面，而非貝殼紋的那一面，才是行家，要能呈現微凸的狀態，才足以展現甜點師傅拿捏蓬鬆感的功力。

26 閃電泡芙
霜亮如光內餡飽滿

長橢圓形的閃電泡芙（Éclair），由來一說指糖霜光亮像閃電，一說因內餡飽滿易漏，要像閃電般快吃。另一罕見說法與泡芙的發源地里昂有關，取其城市舊名火神、電神（Lugdunum）的意譯來稱呼此里昂甜點。

閃電泡芙的外觀，除了泡芙要擠得漂亮，還包括表面糖霜要乾淨俐落、微亮。要懂得欣賞其厚皮感，非日式流行薄皮感，泡芙層嘗起來還稍稍保留麵糊的口感，而非通體薄脆，品嘗的最佳時機是在冷藏後，口感更為扎實。

27 巴黎圈
滑口濃郁榛果香

巴黎圈（Paris-Brest）是一款夾榛果奶油醬的泡芙。為 1910 年路易‧杜洪（Louis Durand）麵包師傅發明。因 1891 年至 1951 年在巴黎與布列塔尼（Bretagne）的布雷斯特（Brest）城鎮間有 PBP 自行車賽（Paris–Brest–Paris），行車路線會經過其麵包店，因而發明以慶祝。

判斷巴黎圈好不好吃，從外表麵體孔洞是否夠大、膨脹效果是否良好可以得到線索。最傳統的巴黎圈，內餡只有法式奶霜和榛果醬，夾了蛋糕或添加其他內餡，都吃不到其蓬鬆滑口的原始口感。優劣取決於榛果醬香氣，榛果事先烤得好不好是關鍵。

郭政彰 攝

28 水果塔
酸甜軟凍的天然果味

法國最平民常見的傳統甜點就是迷你水果塔，塔皮脆硬，果餡軟凍冰過之後更加可口，以檸檬、覆盆子、草莓等酸甜口味居多。

法式甜點要能欣賞其甜、馥郁、濃重之感，而非選擇清淡感。因此水果塔須又酸又甜，具有新鮮水果的香氣。香軟的水果餡要靠奶油和蛋的協調比例來凝結，不可用吉利丁取代。

文/盧怡安

三元視覺

法國出口量第一、世人最耳熟能詳的諾曼第的卡門貝爾（Camembert de Normandie）
白黴乳酪，有著很溫和清淡的奶味。

乳酪品嘗五大講究

法國美食家布利亞‧薩瓦蘭（Brillat Savarin）曾說：「沒有乳酪的甜點，就像缺了一隻眼睛的少女。」法國有一款超市常見的乳酪，甚至取名為「任性的神」（Caprice des dieux），意思是上帝為了吃到此乳酪都不惜鬧脾氣、耍任性。

29 不加工不煙燻
純天然乳酪是首選

乳酪，最早出現在 6 千年前的埃及壁畫。自古以來，只以最簡單易得的羊乳、牛奶，經過發酵處理，竟可變化出核桃、水果、草味、酒味，甚至辛辣等多變豐富的味道。

製造乳酪時，隔一村的乳酪，就可能是天差地別的滋味。全球有 2 千多種不同的乳酪，是世界上唯一能與葡萄酒並駕齊驅，以單一品項表現各地風土差異的品味代表。因此，人們以追求與享受乳酪的差異為樂。

法國對乳酪講究細節的程度，是全世界最高。就像葡萄酒，法國乳酪多數要經過產地認證，並標榜等級和不同窖別之分。單是經過認證者就有 5 百多種，一天吃一種，一年都品嘗不完。特殊地區的手工乳酪，如某座山的某時期產乳，透過知名熟成師手筆，其珍貴程度，與法國名酒莊特殊年份紅酒不相上下。懂得品嘗乳酪，也能享受如飲葡萄酒般的幸福感。

30 單嘗乳酪
裸麥麵包、白酒最合拍

乳酪在西方文化中，是可以單獨品嘗的主角，如同甜點，是主菜之後的一道選擇。因此，想學著品味不同乳酪的個別風味，單嘗是基本態度，千萬不要配著加了很多牛奶的吐司，也請排除味道豐富的餅乾。同樣來自大自然未過度加工的裸麥麵包或白酒，是最理想的基本搭檔，但也要避免口味太甜者。

31 乳酪是活的
上桌才切開

品嘗乳酪，務必要等到食用前才切開處理。乳酪是活的，因此保存是大學問。要品嘗時買一小部分，並到上桌前才切開是基本概念。最忌諱未上桌便切成小丁擺著，細微的風味可能被破壞或轉變。品嘗時，可先從小指頭大小開始嘗試，風味濃重的藍紋乳酪（blue cheese）則從綠豆大開始，較不容易出錯。

32 乳酪配酒
依濃淡產地配搭

乳酪配酒的原則很簡單：清淡者配清淡酒，濃郁者配濃郁酒，地方產乳酪配該地方酒，都是天律。白酒比紅酒更適合搭配乳酪，其背後學問一則為白酒單寧較弱，澀味淡，較不會削減乳酪某些幽微的氣味；二則為白酒的酸度，就好像吃新鮮的魚擠上一點檸檬汁可以提味一樣，能提振乳酪中的鮮爽度，尤以山羊乳酪搭白酒最經典。脂肪含量較高的乳酪，則可搭氣泡酒去膩。

33 生乳製作
最能代表風土條件

挑選法式乳酪時，優先選擇能夠代表鄉村風土條件者；首選生乳製（unpasteurized）而非殺菌奶製造（市售真空包）、清楚標明某地窖存、季節限定款等。值得一提的是，台灣人較難接受的藍紋乳酪，雖然又嗆且臭、賣相不佳，卻是乳酪品嘗家的終極目標。

文／盧怡安

◎達志影像

一大品酒文化

葡萄酒是讓你打開味蕾、享受法國美食的鑰匙，而泥土條件
則是決定法國葡萄酒優劣的關鍵。

©達志影像

34 法國酒鄉
藏在葡萄酒中的風土密碼

法國廚神卡漢姆（Marie Antoine Carême）説：「法國是神的選國、上帝的廚房……法國人在廚房的優勢不是後天訓練或廚藝的作用，而是優於他人的『風土』造成的。」如果要選一種食物來傳達法國一代廚神的訓示，那葡萄酒無非就是那個代表！風土（terroir），濃縮了法國葡萄酒 1 千 5 百年來所有的競爭力。

風土在法文，就是土地的意思，在葡萄酒的世界，是一種大地的配方。「你擁有的泥土，決定你的價值！」是葡萄酒界普遍流傳的一句話，適合釀酒的葡萄，必須在平均氣溫 10 - 20 ℃ 的溫帶，一年需要 1250 - 1500 小時的日照，年雨量在 500 - 800 公釐之間，擁有歐洲最大平原的法國，全國幾乎都在葡萄酒帶的涵蓋下，成就法國成為世界第一酒鄉的好條件。

葡萄不是簡單的作物，土地太肥沃，枝葉太過茂盛，果實吸到的養分就少；優質的釀酒葡萄，反而應該種在貧瘠但排水良好的土壤中，讓葡萄樹根用盡全力吸收土壤中最純粹的礦物質及養分，越是努力求生，越能生成好風味。不同的地質條件，吸收到的養分不一樣，成就不同風味。在法國風土的灌溉下，葡萄酒像老樹的年輪一樣，將大地的溫度、濕度、土壤、水分，全部封存在酒精含量 12-14 % 的液體中。

除了「風土」之外，綿延 1 千多年的釀酒技術及分級制度，也是成就法國葡萄酒王國的關鍵。嚴格要求葡萄酒冠上產地名，是從法國開始的。不是香檳區（Champagne）產的氣泡葡萄酒，就不能叫香檳，只能叫作氣泡酒，也是法國人規定的。除了規定產區的面

積、產量外，可以種植哪些葡萄品種，種植方式與採收時的熟成度，乃至釀造後的酒精濃度，法國都明文規定。

法國人的飲酒態度再簡單不過，就是廣泛喝、找到自己所愛。讓葡萄酒成為生活一大享受，以法國文化為學習對象，有幾大方式：

第一，不迷信名牌，重視的是酒菜搭配。所以不必用頂級酒，因為太好的酒，風味搶過日常菜餚，就好像擺魚子醬在滷肉飯上，兩者都顯得不好吃了。互相搭配的原則，無非「地產配地酒」而已。

第二，很少有法國人先讀葡萄酒全書、認酒標，才開始接觸葡萄酒。跟吃飯一樣，每個人都習慣先以自己的感受為基準。

第三，不怕「喝錯」，願意嘗試。雖然有地產配地酒的邏輯，法國人也會嘗試拋棄成見，照自己的想法搭。這餐搭得不好，頂多下餐再試。

第四，倚重侍酒師。法國人常把自己當日的想法，用最簡單淺白的字句告訴侍酒師，其他就讓侍酒師去傷腦筋。對於想喝的酒，也只是用最簡單的酸、澀、甜、濃、淡等字眼來描述，別掉書袋地用「有動物毛皮般的煙燻味」來點酒。

文 / 盧怡安

© 達志影像

時尚 Fashion

巴黎時尚是一種追求經典的態度，而非
品牌的堆砌。

五大法式穿搭密碼

法國女人，是世界上公認最懂得穿著的女人。她們總是追求禁得起考驗的經典，在經典的格局中，再去追尋小小破格變化的樂趣。

◎達志影像

35 混搭，不穿成套
摩登簡約最經典

關於巴黎女人的穿衣密碼，問伊內絲‧法桑琪（Ines de la Fressange）就對了。她 1980 年代起為香奈兒（Chanel）品牌走秀，過了 50 歲，魅力只增不減，仍跨刀站上伸展台。

「你無法比伊內絲更時尚。」時尚國王拉格斐（Karl Lagerfeld）如此讚譽他的繆思女神。「混搭，絕不穿成套。」超模伊內絲接受《alive》訪問，一語道破她越來越成熟且有自信的穿搭訣竅。

所謂混搭，指的是混搭各種不同品牌，混搭不同季出的衣服，混搭不同價格帶的衣服。伊內絲說：「穿搭很重要的一點是，絕對、絕對不要整套搭配，不穿在任何一場服裝秀上已經看過的搭法，也不要在同一天選同一個牌子來搭配皮包和鞋子。」

曾居巴黎 9 年、人稱「時尚百科全書」何立德說，巴黎人穿著的主結構是摩登風（Mod：源自 60 年代，來自 modern 一字，指二戰後經濟復甦時，擺脫過去、邁向現代的時尚思潮。主張為丟掉過時的裝飾物、繁複剪裁變少，線條與圖案簡約），尤其是上窄下窄的線條，包括窄領的襯衫、窄版西裝外套和煙管褲，然後外搭風衣，再加上橫條紋 T 恤、芭蕾舞鞋、貝雷帽，這就是巴黎人最經典的樣子。

如何從經典中混搭出自己的風格？伊內絲說，最典型的例子，就是平價 T 恤，搭上非常昂貴、品質很棒的鞋子。「每樣東西從頭到腳都貴？喔，絕不。香奈兒的鞋子搭一件隨便市場買來的衣服？嗯，這非常法國。」

36 適合自己才是好東西

何立德說，很多人以為巴黎是名牌聚集的大城市，巴黎人的穿著，應該會像服裝秀一樣多變、前衛。其實不然，巴黎人喜歡追求禁得起考驗的經典，在經典格局中，再去追尋小小破格變化的樂趣。像是法國國民品牌 A.P.C.，不管哪一季，看起來都永恆一致，「那是因為他們早已精準找到萬年不退流行的樣貌，然後在上面做一點小變化：改變絲巾的打法，或是搭配風格完全不同的飾品。」

伊內絲也說：「我們很少花大把力氣在新流行的包款。如果妳有10 個以上的皮包，喔，那太不法國了。如果妳一次買 5 個新包，那根本是個大錯誤。巴黎人不是購物狂。我們不會花一整個下午購物，不會拎著一大堆購物袋回家，也不會給自己每季編個購衣預算。我們要的，是剛好適合自己、對的東西。」

37 忘了名牌的存在

成套衣裝、滿身名牌，都不是巴黎人所追求的時尚。何立德說：「並不是說巴黎人不穿名牌，而是把名牌這件事遺忘在背後了。」在巴黎人身上，是看不出品牌符碼的。

「我常看到假日的早上，聚集在左岸第 6 區吃早午餐的巴黎人，穿著軟軟縐縐的舒適休閒襯衫，袖子微微捲起，手腕上戴著愛馬仕（Hermès）手表。」何立德說，這就是典型巴黎人會有的樣子，既能展現吃悠閒早餐的愜意，又不失自己的高雅氣度。

巴黎人也會挑合適的場合穿搭，比方說在晚會提愛馬仕的皮包亮相，但平常不會隨便拎著它逛街，那就變成炫耀、不得體。

38 最新的不一定最好

巴黎人認為的時尚,也不限定新品。「巴黎人喜歡留舊東西。我們其實不會一直去買那些最新的、最近出的東西。甚至被看出來這是太新的東西,還有點丟臉。」伊內絲說,假如巴黎人被讚美衣服好看,我們喜歡這樣回答:「喔,這是我好幾年前就買的喔。」

何立德說:「巴黎人會覺得驕傲的,不是手上拎了最新某大品牌的當季新品;而是知道某一家別人難以發現的二手小店裡,有什麼超難得的經典款舊貨。」不起眼的小店裡,有聖羅蘭最早期的作品,或是香奈兒經典版型的衣服,「因為已經找不到了啊,令巴黎人無限懷念。」

39 瀟灑,穿出帥氣中的自信

從香奈兒和聖羅蘭以來,中性一直是巴黎人穿著的一種主題,名模伊內絲穿著也相當中性。「我們喜歡牛仔褲(它就像鹽,搭什麼都合適),而不是蓬蓬裙。」伊內絲說,同一條褲子,可以搭配得非常龐克,也可以變得很古典;可以今天搭得很女性化,明天轉變得很男性化。

但巴黎人飾品倒很多。換上飾品,同一件衣服穿起來的感覺,就完全不一樣。伊內絲說她很喜歡用柔軟的開襟毛衣,配上一條很粗的復古型皮帶,把原本舒適慵懶的感覺,轉變成帥氣俐落的造型。

何立德說:「我覺得真正令巴黎人服氣的個性女人,關鍵字是:瀟灑。那不是男性化,或裝作強悍的張牙舞爪,就是像伊內絲這樣,喜歡穿著窄管褲裝,舉手投足充滿自信,甚至帶著一點豪爽。」

文 / 盧怡安

六大時尚壓箱寶

巴黎的女性很會穿衣服,充滿了魅力風情,她們身上看似尋常不過的6大單品,都是經典款,價格不必然貴,卻是行家的選擇。

40 貝雷帽
象徵女性的獨立精神

今日,全世界女性想運用時尚經典,形塑獨特風格,向巴黎女性取經是最快的。她們衣櫃裡的壓箱寶,絕非想像中的蕾絲、蓬裙等女性化的單品;反而多數源自男裝、軍裝,或鄉村款式,經典而不浮誇。越樸素、無花紋、裝飾的單品,越成為不敗選擇。

巴黎女人穿衣的態度是:不標新立異,但找到最適合自己的正統經典,再利用其他搭配,顯現出自己獨特的風格來。法國女人的經典單品包含了貝雷帽、橫條紋T恤、黑色小洋裝(the little black dress)、軟質平底便鞋、風衣(trench coat)與絲巾。

貝雷帽是一款無邊軟帽,起源於15世紀,是法國西南部牧羊人的配件;原本可用於遮風擋雨,甚至還可用來擦汗、當坐墊。1920年代,香奈兒將這款造型簡單到不行的帽子帶入時尚圈,把這一點都不女性化的貝雷帽,轉化成另一種女性獨立精神開始的標誌。

選擇貝雷帽有要訣,傳統呢絨、單色,甚至是最無聊的黑色,絕對是巴黎女人最先看上眼的。貝雷帽這幾年大為流行,無論搭配洋裝、風衣、牛仔褲等都很容易,若問巴黎女人的重點,就是不要讓帽子看起來嶄新、硬挺挺,盡量讓帽子有使用過的柔軟感,歪歪的戴在頭上,才是正道。

簡漢平 繪

41 黑色小洋裝
簡潔、優雅的百搭聖品

1926 年之前，黑色的洋裝只有三種人會穿：喪偶之婦、服務生，還有買不起白色衣服的貧窮人家。那一年，香奈兒卻一口氣在《時尚》（*Vogue*）雜誌推出了 6 款長袖、及膝、無腰身剪裁的黑色小洋裝，專門設計給未婚的女性，挑戰傳統觀點，引起譁然。

時間證明，黑色永遠是最時尚的顏色，足以襯托出珠寶的華麗感，連結著高級、性感、正式感。演變成無袖的連身短洋裝，也成為最簡潔俐落的造型，歷久彌新；可以穿它出入工作場合，套件風衣，配上珠寶，便能成為晚間小禮服，無場合不得體、不優雅。這一點正是推崇百搭、討厭過度購物的法國女性，最青睞它的原因。

選擇黑色小洋裝時，務必簡單、簡單、再簡單。一如電影《第凡內早餐》（*Breakfast at Tiffany's*）的奧黛莉‧赫本（Audrey Hepburn）。事實上，從赫本那件經典黑色平口洋裝發展出來的基本款式，已經被公認是最適合全世界女人的「那一件」。

黑色小洋裝的穿搭祕訣首要是材質。受人喜愛的雪紡紗，只適合纖細、高䠷的人穿；豐腴圓潤的人要選挺一點的材質，避免贅肉無所遁形；裙子長度，要落在膝蓋上一點點的地方，切忌將膝蓋遮住，會顯得非常矮而老氣；平口設計本身有往兩肩延伸、修飾長臉的效果，比 V 領或圓領更適合所有人。

法國女性常會穿著很嫵媚的黑色平口小洋裝，下面搭配直筒牛仔褲或較窄的煙管褲，適度搭配帥氣的配件，如黑白大領巾、長筒馬靴，如此更能展現現代女性不做作的灑脫個性。

簡漢平 繪

42 橫條紋 T 恤
萬年不敗的時尚單品

船型領、白底橫條紋 T 恤,原為布列塔尼漁夫的穿著,又一說為
1858 年法國所定的海軍制服。從香奈兒到聖羅蘭、迪奧(Christian
Dior)、高堤耶(Jean-Paul Gaultier),都將橫條紋 T 視為靈感來
源,成為萬年不敗的時尚單品。甚至,連藝術家畢卡索(Pablo
Ruiz Picasso)也將橫條紋 T 恤化為潮流經典。

相較於現在常見的圓領,法國女人會忠於當年香奈兒、高堤耶原始
版橫條紋 T,選擇多露出一點肩膀、鎖骨的船形領,比較顯瘦。此
外,原始版胸口以上多半留白無紋,更顯時尚優雅。

簡漢平 繪

43 風衣
穿搭招數最豐富

前襟雙排扣、右肩有裁片、附肩扣的風衣，典型為卡其色配同色腰帶。風衣起源於一次大戰時期軍用大衣，時尚感卻是從電影《北非諜影》（*Casabalanca*）中，英格麗·褒曼（Ingrid Bergman）的扮相開始紅起來。雖然被認為是英國典型服裝代表，但卻是巴黎女人將它穿出各種風情。

巴黎女人穿起風衣來，會避免過於正經的氣息。她們會捲起袖子、把領子弄縐，發明自己的腰帶綁法，化解嚴肅感，並摒棄搭窄裙、珍珠項鍊等老氣模樣。

44 芭蕾舞鞋
女人鞋櫃裡的天字第一號

芭蕾舞鞋（Ballerine）是軟質平底便鞋的意思，通常為圓頭、無繫帶。在法王路易十四的年代，芭蕾舞鞋原為高跟，且舞者為男性。直到 18、19 世紀浪漫主義（Romanticism）下，女性舞者大量出現，且有許多輕盈、飛躍的動作，才把鞋改為無跟的平底軟鞋。

1948 年，巴黎的蘿絲·雷佩托（Rose Repetto）將專業的芭蕾舞軟鞋，改為圓頭、平底的便服鞋後，1956 年，法國紅星碧姬芭杜（Brigitte Bardot）穿上它，為雜誌拍攝封面，芭蕾舞鞋開始蔚為風潮。這種軟鞋隨著搭配，時而展現性感、可愛或者知性，不拘於一種表情。

鞋頭較淺、露出較多腳背、裝飾感低的芭蕾舞鞋，是百搭首選。東方女性常以為平底的芭蕾舞鞋，不適合個子較為嬌小的亞洲人，事實上，穿搭芭蕾舞鞋的重點在於身形比例而非身高。只要透過服裝腰線適度拉高，創造下半身的修長感，無論是褲裝或裙裝，都能與芭蕾舞鞋搭出輕鬆自在的感覺。

簡漢平 繪

簡漢平 繪

45 絲巾
花稍的個性配件

花色絲巾,是法國女人擅長使用的單品。能讓樸素的白襯衫、黑色
小洋裝,變得有個人特色和魅力。看似花稍的絲巾,價格差異可達
數倍。

除了圍在脖子上,絲巾還可以綁在頭上、帽緣、包包、手腕,甚至
腰間,同時也會因打法不同而展現不同風情,變化多,是不可或缺
的個性配件。

文 / 盧怡安

三大時尚源頭

沒有香奈兒，女人現在還拖著長裙；沒有聖羅蘭，女人沒有俐落的褲裝。及膝裙、女性褲裝、晚禮服……我們所熟知的現代服裝原型，是 20 世紀的法國大師們，掙脫昨日、締造今日的結果。

46 香奈兒
解放女人身體

《時代》雜誌曾評選 20 世紀百位最重要人物，僅一位時尚設計師列名，此人就是香奈兒；她與甘地（Mohandas Karamchand Gandhi）、愛因斯坦（Albert Einstein）、發明飛機的萊特兄弟（Wright brothers）等人同列榜單。1920 年代，香奈兒是第一個揭竿、徹底反抗傳統巴黎貴族品味的義士；她把蕾絲丟進垃圾桶，首創黑色才優雅的現代定律；從她之後，高級服裝才開始有現代的樣子。有人說，香奈兒給了女人自由。

在香奈兒活躍之前，巴黎女性的服裝主流，還停留在往日的貴族品味上。19 世紀末，外在環境有了很大改變：鐵路開始普遍，戶外運動像網球和騎腳踏車都很風行。可笑的是，女性的穿著還是：花稍的帽飾、綿密繁複的蕾絲和刺繡、長得拖地的裙子。於是，香奈兒開始「反裝飾」：把裙襬改到膝蓋下，把束腰改成無腰身，把繁複的領子直接拿掉。過去展現富豪品味的五顏六色，她一律用黑色予以對抗；上流社會裡矯揉造作的絲質，也被她用粗呢織品取代，甚至女性華麗的大帽子，上面綴滿羽毛或花飾，也被她改成無帽緣，沒羽毛的貝雷帽。她本人最喜歡穿的，是裝飾性低到最低點的平領條紋 T 恤。

這些，後來都成為女性經典，但當時香奈兒的主張卻曾被形容為「極度貧乏」。在當時守舊的社會觀感中，她等於是「叫貴婦穿下女的衣服」，法國外交官兼作家莫杭（Paul Morin）這樣形容：「她的『貧乏』，今日成了經典。」香奈兒創造出的款式如無領粗呢外套、黑色小洋裝，近百年歷久不衰；她掀起一場女性服裝革命，由巴黎燃燒到全世界，影響至今。

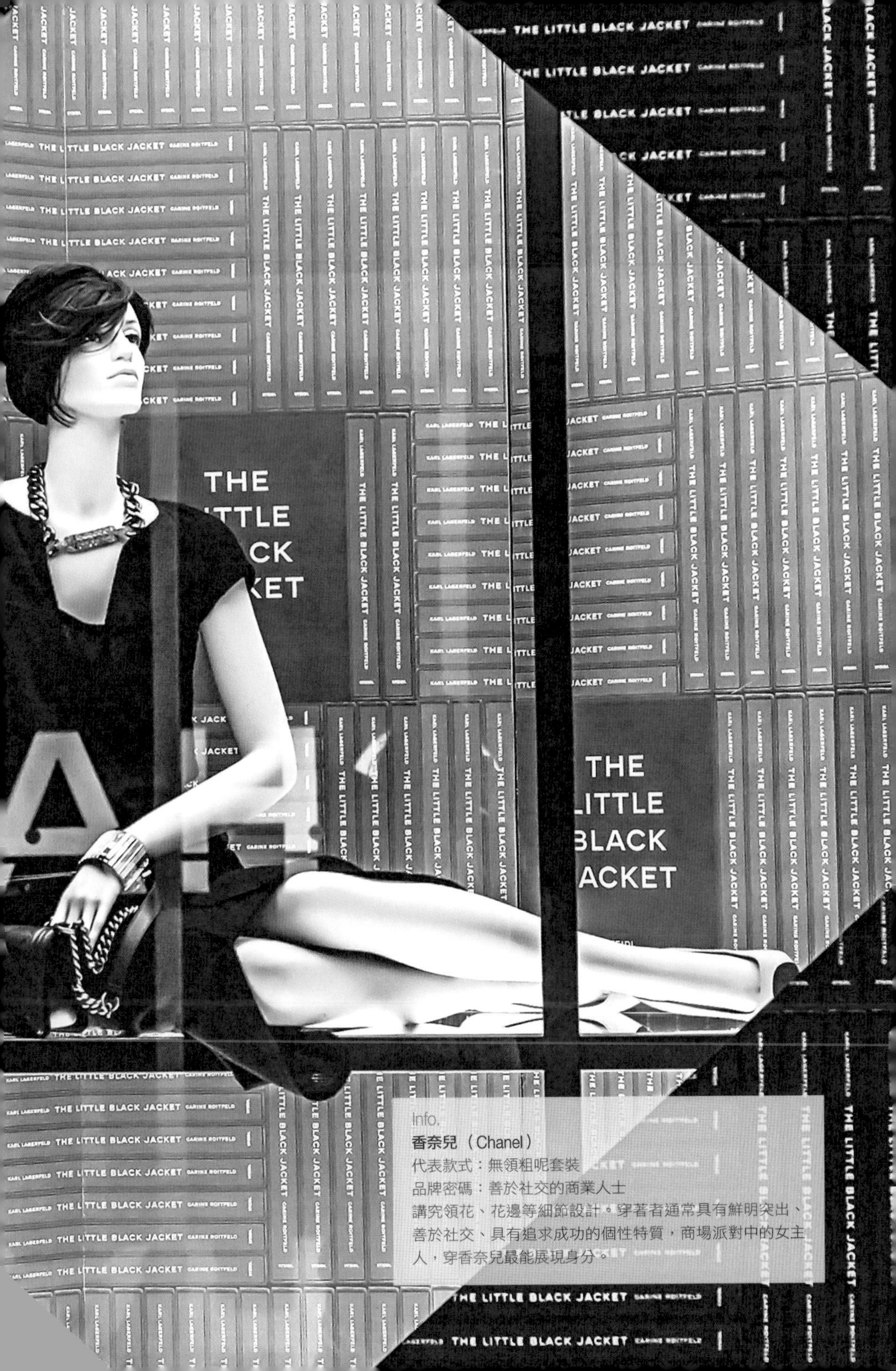

THE LITTLE BLACK JACKET
KARL LAGERFELD
CARINE ROITFELD

Info.

香奈兒（Chanel）

代表款式：無領粗呢套裝

品牌密碼：善於社交的商業人士

講究領花、花邊等細節設計。穿著者通常具有鮮明突出、善於社交、具有追求成功的個性特質，商場派對中的女主人，穿香奈兒最能展現身分。

47 迪奧
重拾富貴，解放戰後沉悶

1940 年代，二次世界大戰後，傳統貴族服裝品味被香奈兒摧毀，出身富貴的迪奧拿起剪刀，重新延續法國文化中的精緻典雅，但創造現代新風貌。

二戰期間，物資缺乏，女性服裝朝向布料使用量低、直筒剪裁為主。迪奧在戰後發表的花冠系列，緊窄的上半身凸顯曲線，裙襬奢侈的寬鬆而長，不怕違反當時簡樸氣氛，反其道而行，把女性的浪漫風格找回來，卻因此讓所有人為之振奮，也在戰後躊躇不前的氣氛中，帶來一絲樂觀的態度。當年的《哈潑時尚》（*Bazaar*）總編將之封為：「劃時代的新面貌（New Look）！」自此，迪奧的晚禮服、皮草等，都成為富裕豐饒、典雅高貴的象徵。

迪奧的品味，傳自愛蒔花弄草的母親。他生於上流社會家庭，舅舅是內閣部長，母親品味高雅，她所照顧打理的花園，至今仍是諾曼第（Normandie）地區重要的景點。童年的迪奧，便常親手裝飾服裝，參加諾曼第嘉年華會，花卉圖案一直都是他的主軸，直到後來女裝上的刺繡裝飾。

雖然，迪奧中年後才開始投入服裝設計，而且只活了52歲，設計師生命極短的他，卻培養多位大師級的徒弟，包括皮爾‧卡登（Pierre Cardin）與聖羅蘭。

Info.
迪奧（Christian Dior）
代表款式：晚禮服
品牌密碼：典雅莊重的淑女
古典的線條、莊重的設計，使用者多為端莊賢淑的官夫人或大家閨秀，或來自布爾喬亞（bourgeoisie，又稱資產階級）家庭，個性成熟、穩重而安靜。

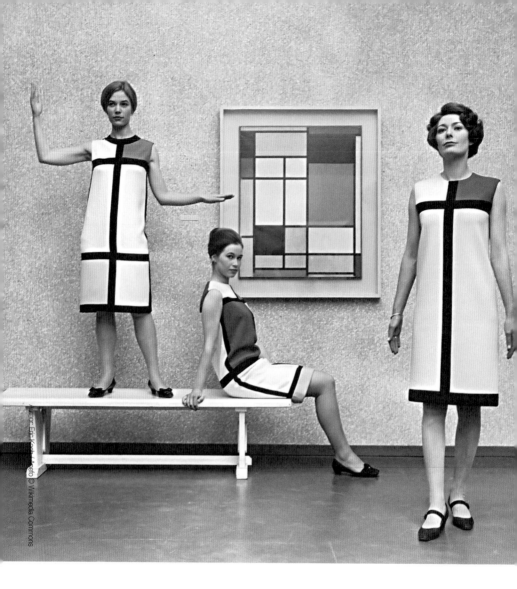

Author: Eric Koch / Anefo © Wikimedia Commons

Info.
聖羅蘭（YSL, Yves Saint Laurent）
代表款式：女性褲裝
品牌密碼：懂得反思的右派
中性的風格，簡單乾淨的冷靜設計。使用者雖然多被認
為是商業成功人士，來自富裕家庭，但，是其中較有想
法，不隨波逐流的人。

48 聖羅蘭
女性褲裝革新

沒有聖羅蘭，女人今天沒有好看的褲裝可穿。英國《金融時報》（Financial Times）推崇聖羅蘭的設計，革新職業婦女的生活。

聖羅蘭在迪奧過世後被欽點接棒，當時只有 21 歲。除了天才，很難用其他字眼形容聖羅蘭的英雄出少年。他 25 歲創業，開始發展自我品牌，和大膽對抗貴族品味的香奈兒比起來，聖羅蘭則有著來自資產階級的品味。從小就學習油畫、素描，頗具慧眼的聖羅蘭，大量蒐藏畢卡索、馬諦斯（Henri Matisse）等人作品，與巴黎的芭蕾舞者、西班牙導演等文化藝術圈的人密切往來。因此，他在 1965 年秋，率先看好風格派（De Stijl）畫家蒙德里安（Piet Cornelies Mondrian）在黑白格子中呈現紅、黃、藍原色的抽象畫，將其搬上布料，成就一件直統無領無袖小洋裝，簡單、震撼、前衛，成為他早年令人驚豔的代表作「蒙德里安色彩與圖案」。

1966 年，聖羅蘭更重要的系列作品問世。當時他感受到巴黎左岸的氣息，於是，將男性在晚宴後穿來吸菸的輕便服裝概念，大膽導入女裝設計，成為今日女性褲裝的雛形：貼合的西裝外套、筆直的長褲，領結和馬甲結合，女性變得帥氣，卻保有優雅和纖細。在女人穿褲子還很受社會爭議的年代，聖羅蘭創新地將兩性平權的思維，展現在作品。

不止於此，喇叭褲、水手服、嬉皮裝、長統靴都是從聖羅蘭源源不斷的創意中，設計出來的服裝理念。直到今日，設計師們仍不斷重複翻新他的經典設計，向聖羅蘭致敬。

聖羅蘭於 2008 年過世，法國前總統薩科奇（Nicolas Sarkozy）說：「時裝界最偉大的一個名字已經消失。」有媒體描述，聖羅蘭的辭世，代表他與香奈兒女士、迪奧先生共譜的女性時裝傳奇時代，走入歷史。

文 / 盧怡安

三大精品

精品，是世人對於不朽的渴望，經久耐用就是它的真價值，從包包、絲巾到鑽石，可以世代傳承，也可以見證愛情。

49 經典皮包
作工一流不花稍

巴黎人最常出現的裝扮，是穿著平價服飾，卻提著質感與作工一流的皮包，在他們眼中，一流的皮包，不見得要最新款、最稀有的材質或最有名的品牌，而是要經久耐用。他們認為，提一只邊緣已磨圓，但把手還能英挺的古舊皮包，才能讓她們點頭稱其有品味。在法國的傳統文化中，把好物件（皮包、衣服或手飾）傳給子女，是有意義的。所以包款不必花稍，必須經典、禁得起歲月考驗。

即使愛馬仕所生產的皮包，長久以來基礎原型也不過凱莉包（Kelly Bag）與柏金包（Birkin）兩款，卻讓世界名人為之痴狂，買不到，排隊等一年也要候補。如何辨識皮包的經典？背後多項高度工藝細節是辨識關鍵：

把手，弧度要對稱順暢

最重要也最難製成的觀察點，是把手。和身體最常接觸、最需要講究，也最容易損壞。價值較高的皮包，把手材質多為純皮，不會另加金屬、木或塑膠，會較貼手，觸感也較好。但為了讓柔軟皮質所製的把手，有完美弧度，一般皮匠尚需一年以上的訓練才有此功夫，並占整體皮包製作期約 30% 時間。

懂皮包的人，一定先看皮包把手做得夠不夠到位。完美的把手，弧度一定對稱順暢、弧度下方皮質平滑沒有皺摺、寬度從頭到尾一致，雖然表面柔軟但提起來應強韌不易變形。有了講究的把手，皮包的價值已有了一半。

Info.
凱莉包小檔案

緣起：1935 年，將獵人使用的馬鞍囊，改良成女性使用的
　　　提包

特徵：梯形線條、雙帶扣、半圓弧形提把

成名：1956 年摩洛哥王妃葛莉絲・凱莉（Grace Kelly）出
　　　席公眾場合，為躲媒體鏡頭，以此皮包擋在身前被
　　　拍攝到而出名

延伸：1984 年，當時愛馬仕主席兼行政總裁杜邁（Jean-
　　　Louis Dumas）在機上巧遇法國女星珍・柏金（Jane
　　　Birkin），她因為凱莉包不能放進奶瓶、尿布等嬰兒
　　　用品而不用，杜邁便將袋身變寬、改良蓋袋，但保
　　　留凱莉其他特徵，此即為後來所稱的「柏金包」

縫線，轉折處漂亮收線

手工精緻與否，是包包最無所遁形的細節。多數手工製品，講究的都是機器無法呈現的微妙手工差異，以呈現工業產品死板線條下沒有的生動感。皮包縫線卻正好相反。機器的車線，無法智慧變化。手工縫線卻能依照皮質軟硬、厚薄及包形設計曲線，做出適當調整；看上去，反而比機器工整非常多。但工匠仍須全心一致，高度專注，才能呈現出完美縫線。檢視轉折處的縫工、收線，便能窺知手工巧妙高低。

反縫處是包形硬挺的關鍵，與手工難度的展現。和衣服一樣，包身會先反過來縫好再翻成正面，將收口留在內側。翻面時不傷及皮面是重點。此外，皮包手工高超與否，可從包身兩面銜接轉角處的一道細條看得出來。來回摺縫留有細條，而非兩片皮片直接相連反縫，會較耐用，包形外部更挺、更不易拉扯變形。但要達到皮邊平整柔順又粗細一致，手工費心程度很高，也更具保存價值。

底部，承重受力平均

包包底部是容易被忽略的細節，卻影響實用與否的差別。即使再名貴的皮包也一樣，都是要拿來用的，一定會遇到必須放置在桌上或地面上的場合。觀察皮包底部設計，須注意四角是否對稱工整，如有金屬配件，承重後是否平穩且受力平均，可保持皮包外形挺立，隨手一放都能站得瀟灑漂亮。

金屬配件，內外皆美

固定工法的細節，是精緻和牢靠與否的重點。各式金屬環扣、配件，與皮料結合固定的方式，決定耐用與否的程度，也可看出價值。講究的做法是，將金屬釘從皮包內層向外釘住金屬配件，剪去多餘部分，用特殊工具將釘腳敲成平整的圓錐狀收邊。由於金屬配件已經不大，金屬釘更細，要將四角釘腳都敲打成平整對稱、形狀一致，所須功力較高。即使老經驗者，也經常因收邊不齊而需要重釘。但此手法較一般皮包金屬配件由外而內、釘腳留在內側而無收邊工法，較牢靠且內外皆美觀。

文 / 盧怡安

50 優質絲巾
百年不墜的真價值

兩年，只夠生產 1 款法國絲巾。光是手工描版就必須花上師傅一整年的時間，急不來，這是 90 公分見方的優質絲巾為何動輒 2、3 萬的最重要原因。

顏色是絲巾的生命，套色越多、工法越複雜，也越有層次感。如果到製作絲巾的工坊參觀，可以發現到處是平底鍋、鍋鏟及攪拌器，這是絲巾特有的「顏色廚房」，透過對水、天然樹膠和色素進行精巧配量，顏色廚房可以在 40 種基礎顏色上，發展出 7 萬多種不同色調。綿毛紅、纖細黑、極光藍、中性灰、信風藍，這些特殊色，都在這個廚房產生。

為了讓層次豐富，絲巾上每 1 色，都須描繪獨立的 1 張圖版，絲巾上有越多顏色，表示需要越多版、經過越多層手續。印染是件相當費工的程序，每一層都要檢查顏色是否到位、工整，之後必須將絲巾掛起晾幾小時，晾乾後，還必須靠蒸氣定色，清洗掉樹膠的殘印，接著平放在地毯上，再用熱空氣烘乾。

印花可以處理大塊圖案，若要描繪細節，就一定要靠手繪圖版。手繪的線條，如同書法與印刷體的差別，充滿躍動感。同一條線，微妙的粗細差異，能讓圖案變得栩栩如生。有經驗的工匠，在描繪花草、動物或人物時，所運用的力道、筆觸都不同，那是工匠詮釋該物線條的一種情感，是電腦工整的線條中所沒有的藝術性。

1 條 45 色的絲巾，就有 45 張手繪版。單單手繪製稿部分，就需 2 千個工作小時，大約已滿法國人 1 年的工作量。如此，同一種色系，才會有最豐富的層次來演繹，如紅色系從淺粉紅、桃色、朱紅色到暗紅色，層次就越多、越細緻，也越看不膩。

漸層色是手繪技巧最難的部分。使用得越多、越複雜，表示技巧越高，圖案也越鮮活不死板。漸層是手描圖版中，最難分色的。因為它不是線條，也不是塊面，只能用點描、增加或減少網點數，來顯示漸濃或漸淡效果，如此才能使得圖案更具立體感和變化性。

文 / 盧怡安

51 閃亮鑽石
路易十四奠定的尊貴地位

已逝的美國性感女神瑪麗蓮·夢露（Marilyn Monroe）曾說，鑽石是女人最好的朋友。不過人類歷史上，首先把鑽石當成最好朋友的，卻是個男人，就是法王路易十四。因為他，才真正開啟了鑽石在人類社會屹立不搖的地位。

其實鑽石早在 3 千年前就出現了，英文字「diamond」，源自希臘字「adamas」，意思是不可征服、不會消失。當時凡是堅硬的石頭，都叫這個名字。古代小亞細亞地區的人曾用鑽石來製造工具和雕刻，非洲和中東就用鑽石做交易來代替貨幣。

不過論到尊貴象徵，2 千多年來，鑽石並不曾入列。反倒是因為舊約聖經上清楚把「才德婦人」的不凡跟珍珠一起類比，所以若論以珠寶來彰顯自身之美，很長一段時間都是珍珠勝出。文藝復興時代關於寶石的論述中，鑽石的重要性只排在第 18 位，遠遠落後於紅寶石、藍寶石，當然更比不上文藝復興時期排名第 1 的珍珠。

但路易十四有不一樣的想法。亮晶晶的鑽石，更符合他喜愛華麗的個性，也能與他織繡精細、作工繁複的服裝（許多是他設計的）搭配得宜。路易十四依他自己的品味切割鑽石、打磨出光澤來，鑽石小沒有關係，重要是光彩奪目。因而，在路易十四影響全歐的勢力之下，鑽石成為輝煌帝國的象徵與珠寶裝飾的新潮流。

當時路易十四全身上下可以說「掛」滿鑽石，從劍柄、鞋扣、帽子，甚至固襪帶的扣環上都有鑽石。鑽石鈕扣更是他的最愛，鈕扣孔還用鑽石鑲邊。他有件外套上，有 125 顆鑽石鈕扣，而整件外套鑲上的鑽石超過 1 千 5 百克拉！

國王的品味，大家當然要跟。當年凡爾賽的盛宴上，毋寧就是一場鑽石比較大會。要表達誠意，無論是政治性或非政治性，送鑽石就對了。路易十四的繼任者路易十五，更喜歡把鑽石贈送他各個半公開的情人，也讓鑽石進一步成為愛情的象徵。

文／孫秀惠

藝術 Art

巴黎很小，人文和藝術濃度卻最高；熱
愛藝術的人，一定要來巴黎吸取養分。

三大藝術之美

有藝術之都美譽的巴黎，整座城市洋溢著一種營造情境、講究氛圍的美學，有逛不完的博物館、看不盡的畫展，還可以享受各式各樣的音樂。

凡爾賽宮戰爭廳

52 大小博物館
逛出純粹的感動

到了巴黎,一定要去逛博物館。台灣首位國際藝術拍賣官郭倩如說,法國的博物館很有自己的個性,不論大館小館,都很專門地鎖定某段時期,或某位名人,或某個主題。

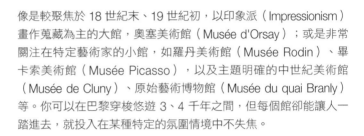

像是較聚焦於 18 世紀末、19 世紀初,以印象派(Impressionism)畫作蒐藏為主的大館,奧塞美術館(Musée d'Orsay);或是非常關注在特定藝術家的小館,如羅丹美術館(Musée Rodin)、畢卡索美術館(Musée Picasso),以及主題明確的中世紀美術館(Musée de Cluny)、原始藝術博物館(Musée du quai Branly)等。你可以在巴黎穿梭悠遊 3、4 千年之間,但每個館卻能讓人一踏進去,就投入在某種特定的氛圍情境中不失焦。

最重要必逛的博物館,是羅浮宮(Musée du Louvre)。郭倩如說,法國人親近羅浮宮和東方人最不一樣的態度,就是絕對不是抱著要學習、要有收穫的心情而來;而是「我想要享受」這樣輕鬆的想法。比如晚上有一點時間,有時候大家會互相約好:就一起去羅浮宮吧。抱著「逛了以後心情會很好」這樣的期待,而非做功課、做學問的負擔。

博物館辦展的出發點,也往往是:我要如何吸引你來,而非高高在上的態度。在這種風氣中表現出來的展覽形式,令人更容易接觸:沒有大型玻璃櫃擋著,再怎麼珍貴的畫,也可以臨摹、可以拍照;有許多可以坐著隨意瀏覽的座位。整體氣氛輕鬆、愉快許多。

在這樣的氣氛下欣賞藝術,沒有踏進去一定要全部看完的壓力。實際上,法國人踏進博物館,所追求的是能投入一種氛圍,因此,或許今天到羅浮宮,只挑文藝復興時期三傑——米開朗基羅(Michelangelo)、達文西(Leonardo da Vinci)、拉斐爾(Raffaello Sanzio)的作品來看,或明天只看安格爾(Jean Auguste Dominique Ingres)一人。

郭倩如說,人很容易會因為鎖定這樣的主題,透過藝術品,回到某段特定的時代,像是 14 世紀文藝復興時代,或路易十四時代。有時看得投入,逛著逛著,舉手投足都會像路易十四時代的人,漫步

郭政彰攝　凡爾賽宮內一景

在那樣華麗優雅的時空裡，連耳朵旁都響起了宮廷音樂。這就是法國人逛展覽與博物館的樂趣。

唯有割捨龐雜的、沒有主題或主題規模太大的參觀方式，進入特定的幾位藝術家、特定的時代情境中，畫作才會真正觸動你，產生非知識性的純粹感動，更能了解畫作背後的文化意涵。

Info.

奧塞博物館（Musée d'Orsay）
地址：1 Rue de la Légion d'Honneur, 75007 Paris
電話：+33-1-40-49-48-14

羅丹美術館（Musée Rodin）
地址：79 Rue de Varenne, 75007 Paris
電話：+33-1-44-18-61-10

畢卡索美術館（Musée Picasso）
地址：5 Rue de Thorigny, 75003 Paris
電話：+33-1-85-56-00-36

中世紀美術館（Musée de Cluny）
地址：6 Place Paul Painlevé, 75005 Paris
電話：+33-1-53-73-78-00

原始藝術博物館（Musée du quai Branly）
地址：37 Quai Branly, 75007 Paris
電話：+33-1-56-61-70-00

羅浮宮（Musée du Louvre）
地址：99 Rue de Rivoli, 75001 Paris
電話：+33-1-40-20-53-17

53 細膩畫風 婉轉表達情感

「法國文化是很精緻，不能説得太白的。」郭倩如説，巴黎人與人之間的交往是如此，畫作亦是如此，表達方式都很委婉、細膩。

例如法國畫家雅各・路易・大衛（Jacque Louis David）的《拿破崙加冕禮》（*The Coronation of Napoleon*），並不直接對拿破崙（Napoléon Bonaparte）歌功頌德，表達他在戰爭中英勇的那一面。而是透過他自己親手為心愛的女子加冕，教皇，反而坐在後面，以這樣的構圖去彰顯拿破崙「已經」是個王了，不需要別人來給他王位，而是能將榮耀賜給愛人、理所當然的王。這幅畫細緻曲折的表達方式，是非常法國的。

法國博物館也常是貴族居所、皇室城堡等勝地，進博物館可以體會並領略他們當年居住時的品味。祕訣是，一定要找到他們當時所居，最私人領域的那些場所。比方説大家都會去凡爾賽宮，最多人去參觀的大廳、大皇宮。如果能走到象徵瑪麗・安托瓦內特（Marie Antoinette）皇后私人品味、美感的小特里亞儂宮（Petite Trianon），就不同。這裡是路易十六（Louis XVI）賜給她，只有她自己與親朋好友才能踏進的私人領域，也是可以讓她逃避眾人眼光、棲息的地方。因此，這裡才是皇室品味真實的面貌。瑪麗最鍾愛的色彩，一種帶著奇特灰濛美感的綠色，以及她所發揚的法式家具曲線，都要在這裡，才看得到。

又如她私人歌劇院裡，那些金碧輝煌的亮色雕塑、裝飾，其實是用紙漿為底，形塑出她所想要的浮雕線條，並非我們所想像那種皇室鋪張霸氣的味道，而是非常精緻、女性化的。這些細節，都很耐人尋味。來到這裡，才能真正懂得法式的美感和想法。

54 音樂饗宴
全面體驗五感美好

在巴黎,人們可以選擇享受的音樂、舞蹈、表演節目,真的非常多。巴黎 1 個晚上有超過 60 場音樂會,有當代、古典、正式及非正式的,光是正式歌劇院就有 5 座。

法國人看待音樂最主要的態度,就是享受。曾任巴黎歌劇院行政總監的法國文化部代表隆巴德(Alain Lombard)說:「我們沒有英國人和德國人那麼嚴肅。音樂就是生活中的快樂,可以不用思考那麼多,用自己最直接的感官,來讓自己愉悅。」巴黎人的選擇也比較隨意,今天聽歌劇,明天參加電子音樂派對,都不稀奇。

巴黎人享受音樂是很全面的。無論是劇本、舞台布景、指揮,甚至是音樂廳的建築、質感,以及中場休息去喝的那杯咖啡或茶,都屬於「去聽音樂」這件事整體的饗宴。享受五感面面俱到的音樂會,一直是法國人的天性。

法國音樂風格,雖然從路易十四時代以來,一直被認為就是高雅、浪漫、細緻,然而,這卻不是現今法國音樂唯一的面貌。在現代電子音樂的舞台上,法國樂手也都是要角。

「我 30 歲在巴黎歌劇院擔任行政總監時,常常有人問我,要是小時候沒受過古典音樂訓練,甚至根本沒好好學過基本樂理,該怎麼欣賞歌劇、古典音樂?我的回答是,法國人不那麼理性看待音樂,只要開始接觸,享受不同類型的音樂,你一定會找到和自己聲氣相通的最愛。」

文 / 盧怡安

巴黎歌劇院

全球最夯的一座博物館

如果一輩子只有一次機會進入一家博物館了解西方藝術，你該選擇
哪個？答案是，巴黎羅浮宮。

55 羅浮宮
全世界最多皇家蒐藏

羅浮宮之於品味，為什麼那麼重要？最主要是因為拿破崙將原本是
皇宮的羅浮宮，開放成博物館，讓所有人都能親近、享受這些過去
只有皇室貴族才能欣賞的美好事物。這是全世界第一個，對平民開
放為博物館的皇室空間，好的品味，也因此能在民間培養起來。這
是法國文化中，透過開放博物館，來表達的一種很重要的態度。

列名「世界四大博物館」的羅浮宮，是全世界每年觀光客最多的博物館，其他 3 個分別為倫敦大英博物館（British Museum）、紐約大都會博物館（Metropolitan Museum of Art），及俄羅斯聖彼得堡冬宮博物館（Госуда́рственный Эрмита́ж）。羅浮宮一年的遊客量比排名第二的大英博物館多 2 百萬人，雖然館藏品數量遠不及大英及紐約大都會博物館，但是因為擁有全世界最多的皇家蒐藏（約 40 萬件），地位能突出於全世界的博物館。

羅浮宮展品不僅包含法國傳統藝術──從中世紀到 19 世紀前葉的繪畫與雕刻藝術，同時也最完整而有系統地展示歐洲藝術；更是巴黎躍上歐洲政治舞台的核心，在拿破崙帝國時代成為全歐藝術之都之時，偉大繪畫藝術的寶庫。換句話說，在羅浮宮 2 小時，就能擁覽全歐最重要的藝術品之精華，是接觸西方藝術最有效率、最享受的地方。

即便你只有 2 小時，都可以擬訂一條最佳動線飽覽經典中的經典。建議以金字塔正下方為出發點，從德儂（Denon）展廳入館，

以希臘、羅馬和文藝復興的南歐展區,以及法國 19 世紀大畫廊的方向,做為優先參觀的區域。若有剩餘的時間或體力,再考慮繼續從北方的利希留(Richelieu)展廳入口,去觀賞德國、荷蘭、法蘭德斯等北方歐洲繪畫的典藏。

參觀羅浮宮這個足以讓人迷路的大寶庫,不建議依序一件件觀賞畫作,最好在 3 小時內結束參觀,讓精神處於從容與飽滿的狀態,才不至於因久站,或在展廳間來回奔波,而面對許多陌生且巨大的畫作產生疲憊感,致使無法細細品味畫作。夜間看畫也是好主意,每週三、週五開放到晚間 9 點 45 分。

文／鄭治桂

Info.
羅浮宮(Musée du Louvre)
地址:99 Rue de Rivoli, 75001 Paris
電話:+33-1-40-20-53-17
開放時間:09:00 ~ 18:00
交通:搭地鐵 1、7 號線至 Palais Palais-Royal-musée du Louvre 站

羅浮宮十大必賞

羅浮宮的廣博蒐藏中，要特別推薦 10 件具有皇家蒐藏品味的經典，從雕刻到畫作，年代橫跨 2 千年。

56 蒙娜麗莎，鎮館之寶

《蒙娜麗莎》（*Mona Lisa*）是全世界知名度最高的畫，被列為羅浮宮「鎮館三寶」之首。依羅浮宮每日參觀人數統計，《蒙娜麗莎》可能是全世界最多人親眼觀賞過的畫作。《蒙娜麗莎》為何被羅浮宮蒐藏？5 百年前，達文西親自從義大利帶到法國，死後由法國國王買下而入藏羅浮宮，因此成為羅浮宮最早的蒐藏品之一。達文西是文藝復興時期最具代表的人物，油畫傳世卻不超過 15 件，因此也更奠定《蒙娜麗莎》格外珍貴的地位，使這幅來自義大利的經典之作，竟然超越所有法國繪畫作品，成為羅浮宮繪畫蒐藏的圖像代表。

對大眾有莫名魅力的《蒙娜麗莎》，曾於 1911 年從羅浮宮失竊，2 年後尋獲，從此就有警衛、防盜鈴，並且隔著防彈玻璃與防紫外線玻璃展示。

畫中，蒙娜麗莎神祕的微笑不知帶來多少評論，甚至在藝術家與文學家的口中，成為議論紛紛的話題。她那雙眼睛永遠盯著人們，帶著不可思議的魔力，連美國總統都無法抗拒。1963 年，《蒙娜麗莎》曾經被美國借展，風靡一時，還到白宮與甘迺迪（John Fitzgerald Kennedy）總統伉儷合照。回國後，戴高樂（Charles André Joseph Marie de Gaulle）時期的文化部長馬爾羅（André Malraux）還展現法國人的幽默，頒給蒙娜麗莎（Mona Lisa）法國公民資格，入籍法國。

《蒙娜麗莎》達文西：Mona Lisa / Leonardo da Vinci，1503~1506

57 拿破崙加冕禮
華麗氣派的帝國氣勢

羅浮宮首選鉅作《拿破崙加冕禮》，寬 10 公尺，呈現 19 世紀法國在波旁王朝（Maison de Bourbon）結束後，重新崛起的大帝國堂皇氣派、華麗與不可一世的氣象，由新古典主義（Neoclassicism）領導者大衛，為皇帝拿破崙所繪製。大衛是大革命時期最重要的畫家，因有大量學生，而建立起 19 世紀學院派繪畫規則。《從羅浮宮看世界美術》作者蔣勳形容，這件作品是大衛的登峰造極之作。

《拿破崙加冕禮》固然是歌頌皇帝的繪畫，卻也是巴黎繼羅馬後成為藝術之都，展現藝術實力的史詩鉅作。這是羅浮宮中最巨幅的幾幅畫作之一，畫作中，拿破崙，竟是為自己愛人約瑟芬（Joséphine de Beauharnais）加冕為皇后的人，原本該主持加冕的教皇卻被擺在後面。

在君權神授的年代，這幅畫代表了拿破崙的霸氣，也代表了法國超越世界的企圖心。繪畫中的帝國氣派，正足以代表一整座羅浮宮的格局。此外，畫中刻意放進許多在該加冕場合其實不應存在的年輕人，象徵著拿破崙革命所帶來的新時代。這是世界上最成功的宣傳畫之一，也是二戰時期法國人引以為傲的精神象徵，更是許多現代藝術的靈感。

《拿破崙加冕禮》雅各‧路易‧大衛；*The Coronation of Napoleon* / Jacques-Louis David，1804

《航向愛之島》華鐸；*Pilgrimage to Cythera* / Jean Antoine Watteau，1717

58 航向愛之島
巴洛克風之精巧細緻

法國繪畫文化的氣派與堂皇，以《拿破崙加冕禮》為代表；精緻文化的代表，則首推華鐸（Jean Antoine Watteau）的《航向愛之島》（*Pilgrimage to Cythera*）。

路易十四後出現法式巴洛克（Baroque）文化，集結沙龍（Salon）文化以及宮廷趣味的精緻特質，是法國銜接義大利巴洛克古典文化後，建立自己獨特細緻精巧品味最重要的里程碑。

那個時代的藝術家，喜歡以愛情故事這類時髦題材，迎合宮廷與貴族口味。《航向愛之島》描繪紳士向淑女展現風度，追求愛情，共同航向愛之島（Cythera，傳說中，維納斯女神的誕生之島）的心路歷程。

華鐸是法國洛可可（rococo）藝術的開創人，從這張畫可以看到法國繪畫中最纖細、最巧妙的手筆，與精緻粉嫩的藝術質地。巴洛克時期，上層社會的許多元素如歌劇、喜劇、芭蕾和輕聲細語，都在這張畫作中體現出來，能看到真正的法國文化。

《靜泉之憶》柯洛；*Souvenir de Mortefontaine* / Jean-Baptiste-Camille Corot，1864

59 靜泉之憶
輕盈粉淡的純法品味

精緻細膩的法國品味，直到洛可可風格興起 1 百年後的 19 世紀，還出現在風景畫家柯洛（Jean-Baptiste-Camille Corot）的《靜泉之憶》（*Souvenir de Mortefontaine*）畫作中。

羅浮宮裡巨大的里程碑、鉅作林立，濃厚的文學氣息和經典氣息，給人大時代的宏偉感；這件輕盈粉淡的風景畫，不易歸類在任何畫派，卻開了一扇窗，望向那個時代裡寧靜而遙遠的田園境界，這是法國精緻品味的絕品。畫作中「靜泉」的實際所在地，位於巴黎近郊的一處森林，這處森林經史家考證，在 1 百多年前也啟發華鐸創作出《航向愛之島》。

畫作中清晨的霧氣，晶亮的露珠，和婦人與小孩纖巧的身影，流洩出安靜的氣息，那輕柔的粉綠與微妙的銀灰色調，在當時工業革命發達的時代，留下一個讓人回憶與想像的空間，一個讓時間停下的寧靜世界。

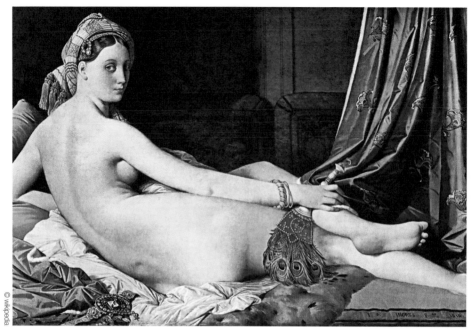

《土耳其大宮女》安格爾；*Grande Odalisque* / Jean Auguste Dominique Ingres，1814

60 土耳其大宮女
人體藝術嶄新畫作

以解剖學檢查，《土耳其大宮女》（*Grande Odalisque*）這幅裸女圖的脊椎多了兩節，這是法國新古典畫派安格爾為了美感而刻意的錯誤，這樣的創作在當時引起爭議。「美，一定要很科學嗎？」安格爾用這幅畫大膽否定學院傳統，擺脫前人沉重的歷史感，更背離老師大衛的解剖學規則，對後代畫家有革命性的啟發。

奧圖曼土耳其帝國（Osmanlı mparatorlu u），是當時西歐既敵對又好奇的東方文化代表，而後宮佳麗春色無邊的想像，也吸引西方藝術家自由發揮與渲染，正好做為人體藝術嶄新的創作版本。安格爾並不只是承襲古希臘以來人體藝術優美的傳統，他更超越時代的品味，發展出帶著奇特比例與些許臃腫體態的人體之美，創造出獨特的美感。

《自由女神領導人民》德拉克洛瓦；*La Liberté guidant le peuple* / Eugène Delacroix，1830

61 自由女神領導人民
沒有香水味的法式浪漫

高中歐洲歷史課本上，一定會被大家記得的一張畫，就是《自由女神領導人民》（*La Liberté guidant le peuple*）。它記錄了 1830 年代法國政治上一場革命的事件，由藝術家德拉克洛瓦（Eugène Delacroix）詮釋這一場巴黎的動亂，留下巴黎聖母院（Cathédrale Notre-Dame de Paris）以及象徵法國人民的自由女神，深深烙印在巴黎人心中，也給予外國人認識巴黎歷史的憑藉，並曾在 1980 年被置於法國郵票上，也在 1983 年成為 1 百法郎鈔票上的圖樣，可見其對法國之影響。

這件浪漫主義的代表作，展現了感性而激情的藝術風格，強調動態勝於塑造典型，誇飾色彩勝於製造質地感。這種浪漫提醒著初到巴黎的旅遊者，法國的浪漫不只是香水、服裝與紅酒，更是革命激情與行動的等值。

《四季之秋》普桑；*The Four Seasons : Autumn* / Nicolas Poussin，1660～1664

62 四季
法式古典風鼻祖

《四季之秋》（*The Four Seasons : Autumn*）是 17 世紀法國畫家普桑（Nicolas Poussin）辭世前的最後作品。普桑曾到義大利發展；影響法國甚深的義大利古典風格，就是由他傳遞回法國。要了解法國最初的古典風格，就要從普桑的寓意畫入手；他影響法國17 世紀的宮廷藝術潮流，被譽為最優秀的法國古典主義畫家。

普桑受紅衣大主教委託，創作的《四季》，形式上是描寫春、夏、秋、冬四幅風景畫，實質上卻是人物主題：春之伊甸園、夏之豐收、秋之水果，以及冬之大洪水。普桑作畫向來重視典故，例如以水果為主題的《秋》，便來自於舊約聖經中的一段故事：以色列探子們從應許之地帶回葡萄、石榴及無花果，以證明當地土壤肥沃，而當時的時節正是秋天。

63 勝利女神妮姬
希臘雕刻高峰之作

《勝利女神妮姬》（*Nike of Samothrace*），矗立在羅浮宮長廊階梯的交會口，這裡正是仰視女神的朝聖之路。在古希臘，打勝仗的一方，會雕塑一座勝利女神妮姬（Nike），紀念戰功。150 年前，這件在希臘海島中找到的勝利女神，從原先 200 多塊碎片，復原成今日高聳的女神雕像，但已無頭顱與雙臂。讓人想像著西元前 190 年希臘雕刻的高峰傑作。這座迎風展翅的巨大石雕，代表希臘藝術精美與寫實能力的高度，也是羅浮宮「鎮館三寶」之一。

希臘神話中，矗立在船頭乘風破浪，吹著號角迎向勝利的女神，只著薄衫，海水打濕顯露出健美身軀。請留心欣賞她的婀娜與剛健，呈現古希臘靜穆與收斂的雕刻風格、飛揚颯爽的美感；白翅膀上揚的弧線更變成著名的審美符號，甚至成為運動品牌耐吉（NIKE）商標的靈感來源。

《**勝利女神妮姬**》，*Nike of Samothrace*，西元前 190 年

《米羅維納斯》，*Vénus de Milo*，西元前 200 年　　《垂死的奴隸》米開朗基羅，*Dying slave /* Michelangelo di Lodovico Buonarroti Simoni，1513

64 米羅維納斯
人體雕像的經典

希臘女神維納斯（Vénus），是「愛與美」女神，象徵人類對美與愛的情感，是希臘世界裡擁有最多廟宇、最受崇拜的神仙。約 2 百年前，這件從希臘米羅島（Milos Island）出土的雕像，被法國男爵里維埃（Rivicre）取得後，轉贈給法國國王，再被國王轉贈給羅浮宮蒐藏，成為另一件鎮館之寶。

《米羅維納斯》（Vénus de Milo）公開展示後，人們驚為天人，認為是希臘時代人體美學的經典之作，後來更進而成為全世界美術素描的範本。與此同時，《米羅維納斯》的斷臂，也受到人們不斷討論：原先應該是何種模樣？她那殘缺的身軀引發的種種揣測以及人們對於完美的無限想像，進而讓人有了「殘缺美」的說法。

維納斯高於真人，以希臘所講究人體的完美比例呈現，矗立在羅浮宮希臘雕刻走廊的盡頭，向著前來朝聖的人們，是觀賞人流最多的鎮館寶之一。欣賞維納斯不能太急切，需要放慢腳步，經過一道超過 1 百公尺的長廊慢慢親近她。

65 垂死的奴隸
米開朗基羅最美雕像

在巴黎看到義大利文藝復興大師米開朗基羅的極品，令人泫然欲泣。米開朗基羅是文藝復興轉變到巴洛克時期的關鍵人物，他將具象視覺，提升到抽象哲學的層次。這座奴隸雕像，是眾人最容易錯過的傑作，卻是米開朗基羅生平最美的雕像。代表他前期風格的《垂死的奴隸》（Dying slave），展現精雕圓滑、深度刻畫身不由己的奴隸，在瀕臨死亡的狀態中放棄抵抗，接受死神的催眠，那種從痛苦中解脫甚至酣醉的神情。

米開朗基羅探索生命的力量和情感的深度，都偏好在裸體人物淋漓盡致的表現；這種帶著浪漫的激情藝術形態，在 15 世紀，是一種非常前衛的展現。

文 / 鄭治桂

《向日葵》梵谷； *Tournesols* / Vincent van Gogh，1888

印象派三大特色

西方藝術史中，很少有藝術運動像印象派那樣影響深遠；不到百年，這個原來被人嘲笑的窮光蛋團體，現在卻成為家喻戶曉的藝術流派，盤據 20 世紀全球拍賣畫排行榜最高價前 10 名，已超過 50 年。

66 印象派
中產階級的藝術火車頭

世界文化遺產協會曾做過調查，全世界最為人熟悉的藝術流派，是以巴黎為大本營的印象派。而且大家都還隨口講得出莫內（Oscar-Claude Monet）、梵谷（Vincent van Gogh）的代表作：《睡蓮》（*Les Nymphéas*）與《向日葵》（*Tournesols*）。

過去，無論東西方，藝術高比例都是為皇室貴族服務。但 19 世紀是歐洲文明邁入現代化的時代，在 18 世紀民主自由思想的啟蒙運動影響下，引發法國大革命，建立初步民主社會制度，更由於產業革命帶來社會經濟結構轉變，以巴黎為首，使 19 世紀工業革命的成果，進入現代主義的建設過程；西方政治、經濟、社會結構全面改變，影響人文社會各種思潮及價值觀。

在新的社會結構和新的產業制度裡，中產階級於焉誕生，藝術也不例外；印象派畫家反對制度化、規範化的古典主義藝術風格與學院技法，他們認為作品應該要客觀地觀察世界，而非亂加主觀的詮釋，也不用賦予崇高偉大的主題。同時他們強調感情，主張讓賞畫的人自我感受；印象派開啟近代新藝術風潮，之後才有野獸派（Les Fauves）、立體派（Cubism）、超現實主義（Surréalisme）的出現。

《印象·日出》莫內；*Impression,* soleil levant / Claude Monet，1872

67 追逐光與色彩
印象派挑動你的想像

印象派畫家的特色，在於客觀記錄時辰變遷與色彩的關係。
1874 年第一回印象派集團畫展，莫內提出一幅《印象·日出》
（*Impression, soleil levant*）油畫，批評家嘲諷他們是印象派（意思
是沒有思想，憑印象隨便畫）。於是，這一群追逐陽光變化、尋求
巴黎新景象的青年畫家，也乾脆接受印象派名稱，更徹底走向光色
律動的實驗，進而毫無保留地呈現巴黎一般市民的現實生活。

這也是為什麼印象派畫作這麼容易被全世界的人所接受。人們看畫
的時候不必先做功課了解畫的背後有什麼隱喻，因為印象派畫作直
接就是環境或中產階級的生活呈現。

高科技影響藝術創作並非 20 世紀才開始，19 世紀工業革命，帶動
許多新科技，例如相機。因為相機的出現，有了光學研究，剖析色
彩本質與光的結構，繪畫中的色彩與光可以有突破性的表現。以印
象派的鼻祖畫作，莫內的代表作《印象·日出》為例，他不描繪細
節，而是透過遠距視角，描繪橘紅色的太陽正緩緩升起，水面上有
3 艘小艇，其中 1 艘僅能模糊看出幾個線條表示波浪，完全沒有過
分誇張，卻因把細節單純化，只著重光的表現，反而挑動人的想
像，真正感受日出的印象。

《嘉舍醫師畫像》梵谷；*Portrait of Dr. Gachet* / Vincent van Gogh，1890；史上售價第二高的畫作，於 1990 年紐約佳士得拍賣會上售出，價格經通膨調整後，合現在的 9 千 1 百萬英鎊（約合新台幣 42 億 2 千 2 百萬元）。

全世界最貴的畫作：《玩紙牌的人》塞尚；*Les joueurs de carte* / Paul Cézanne，1890；2011 年中東卡達皇室透過私人管道，以 1.6 億英鎊（約合新台幣 74 億 5 千 7 百萬元）買下。

68 印象派跨文化
融合科技與浮世繪

印象派並非大家想像的那麼歐洲，反而因 19 世紀東西方文化交流，而受到日本海報的影響。當時的日本海報，也就是所謂的浮世繪傳入歐洲，掀起一股強大熱潮，浮世繪變成炙手可熱的商品，藝文人士痴迷狂愛，巴黎的日本美術商店更達 10 多家，而有關日本的洋文著作如雨後春筍般出現。

浮世繪也大大影響印象派畫家。1860 年開始，藝術家紛紛利用日本圖案增加效果，兼採浮世繪的豔麗色彩和裝飾性，做出不同以往的表現。浮世繪的庶民題材，與印象派追求的市民性格，正有不謀而合之處，其實正是莫內、梵谷、馬奈（Édouard Manet）、雷諾瓦（Pierre-Auguste Renoir）等人汲取了跨文化的養分。

文 / 孫秀惠

一位印象派巨匠

想了解印象派名作，莫內是你第一個要認識的人。莫內的《印象·日出》，開啟了印象派主義畫風，也只有他終其一生都堅持印象派的原則作畫。

70 莫內，捕捉自然光影的大師

莫內是印象主義的創立者之一，也是印象主義畫家中最多產的一位，他一生遺留 5 百件素描，2 千多幅油畫及 2 千 7 百封信件；足跡由法國到地中海岸，從巴黎到倫敦、威尼斯及奧斯陸。

莫內堅持「以大自然為師」的信念，走出畫室，捕捉千變萬化的光影，完全以視覺經驗感知為首要考慮，忽視傳統構圖、題材。莫內曾說：「試著忘卻你眼前的一切，不論是一株樹，或是一片田野；只要想像這兒是一個小方塊的藍，那兒是長方形的粉紅……照你認為的去畫便是。」

除了最經典的《印象·日出》，莫內最龐大與著名的系列則是在 1903 至 1908 年間，以睡蓮為題材的 48 張畫作，莫內把這些畫取名為《睡蓮》水景系列。莫內在巴黎郊外吉維尼村（Giverny）的池塘，引河水種植大量睡蓮。晚年，莫內幾乎將所有精力都投入到睡蓮創作中。年邁的莫內視力越來越差，白內障幾乎使他失明，但他的畫風因此更加簡潔、抽象，具體的花卉、睡蓮都看不見了，只有簡潔的筆觸和閃爍、跳躍的色彩。

如果對印象畫派有興趣，巴黎的奧塞美術館是接觸印象派畫作的第一選擇。奧塞美術館的前身原是為了 1900 年巴黎萬國博覽會（Universal Exposition, World's Fair，簡稱 World Expo，又名世博會）所興建的火車站──奧塞車站（Gare d'Orsay），它和巴黎大小皇宮（Grand et Petit Palais）是同時代的產物，而且具有同樣風格，強調鋼筋力學的結構，採自然光以凸顯室內本身的寬廣空間。奧塞美術館繪畫作品的蒐藏，從安格爾的新古典主義到印象派後期如 1904 年馬諦斯的作品；雕塑則從 19 世紀拿破崙三世（Napoléon III）至 20 世紀初的作品。此外，還有實用功能的新藝

《睡蓮》莫內；*Les Nymphéas* / Oscar-Claude Monet ，1903～1908

術，其中最精彩的當然就是印象派大師的諸多名作。單單莫內的常展作品就高達 25 幅，整體印象派常展代表作品超過 2 百幅。

奧塞美術館的研究員古禮昂提（Cloude Guillortin）説，「印象派是讓你感受的，可以把自己當成畫中風景的一員，你的感受就是最好的詮釋。」

文 / 孫秀惠

人物
小檔案

© wikipedia

莫內
（Oscar-Claude Monet 1840 - 1926）
地位：印象派創始人之一
畫風：強調色彩及光的變化
早期代表作：《印象‧日出》
晚期代表作：《睡蓮》

一大音樂派別

在法國印象派音樂中，處處看得到文學和繪畫的影子，尤其是飄渺唯美的音符，輕柔滑過，就像光影搖曳的印象派畫作。

70 印象派音樂
用心感受的療癒輕音樂

© 達志影像

最直接、也最能讓人放棄理性思考，純粹享受音樂感性面的，正是以法國巴黎為首的印象派音樂。印象派音樂一詞，來自法國印象派畫風，同樣出現在 19 世紀後半葉的巴黎。這股新興音樂風格，被傳統派看成是不連續、不協調，甚至不成調的曲子；就好像學院派畫家看到莫內，不成樣、幾乎難辨形體的畫作時反應一樣。因此以莫內為首的印象派一詞，也被拿來冠在這些音樂家身上，成為派別名稱。

繪畫上的印象派反的是學院技法，音樂上的印象派反的則是以作曲家華格納（Wilhelm Richard Wagner）所代表的德國浪漫主義風格。法國刻意要和以德國交響樂、歌劇傳統為中心的古典浪漫樂派一別苗頭，於是蓄意迴避交響曲、協奏曲等固定形式，意圖找到屬於法國人真正的音樂語彙和架構。

印象派音樂很像印象派繪畫，描寫的是人類所感覺到的大自然景物：海洋、波浪、太陽、光影雲霧的變化。特別側重用聲音勾動聽覺，轉而在心像上投射出視覺感受。因此旋律邏輯性在印象派音樂中不那麼重要，他們著重某一個瞬間所勾動的聽覺效果。這正是法國人和強敵德國人，最大不同；法國強調官能、感受人性面，就像法國人重視美食、天性浪漫一樣。

「音樂不是說教，而是感受。」這是法國印象派音樂家，教會全世界的一種全新聆樂態度，也開啟現代音樂新紀元。在一天勞累工作結束後，回家放一張自然系、療癒系的輕音樂，這類不講求懂樂理，只讓人單單用心感受音樂類型的源頭，正是印象派音樂。

文／盧怡安、孫秀惠

兩位印象派音樂大師

作曲家德布西（Achille-Claude Debussy）與拉威爾（Maurice Ravel），他們不用音樂表達嚴肅的戲劇情節或崇高的人文意念，著重在聽者感受，開啟法國印象派音樂。

71 叛逆德布西
追求音色情緒的每個瞬間

法國作曲家德布西是真正的音樂叛逆者，他從小就不喜歡遵照音樂學院的正規方式彈琴。法國文學界的「象徵主義」（symbolism）如詩人馬拉美（Stephane Mallarme）的作品〈牧神的午後〉（L'après-midi d'un faune），是他的靈感來源。德布西討厭形式化，重視內心感受，喜歡用比喻、暗示，最直接代表當時法國反動的人文氛圍。

德布西不講究有邏輯的樂曲發展，訴求在每一個瞬間，和聲、樂器音色觸動人時，所引發勾起的感受。情緒和音色是德布西樂曲的兩個關鍵，因此很容易被現代人接受。他的作品經常被 20 世紀電影或電視配樂借用。此外，德布西受到東方藝術強烈影響，印尼的甘美朗（Gamelan）音樂、日本浮世繪都直接進入他的和聲及意念中。如《版畫》（Estampes）鋼琴曲集中的〈寶塔〉（Pagodes），任何中國人聽到都會對其東方色彩感到認同，這正是甘美朗五聲音階的影響。

人物
小檔案

© wikipedia

德布西
（Achille-Claude Debussy, 1862 - 1918）
地位：印象派音樂代表
成名曲：管弦樂〈牧神的午後前奏曲〉
　　　　（Prélude à l'après-midi d'un faune）

72 拉威爾曲風
帶有強烈西班牙色彩

拉威爾是法國音樂史上賺最多版權費的作曲家，作品廣受世人喜愛。小了德布西 12 歲，拉威爾全力支持這位好友最大膽前衛的創作，成為繼承人，也是訴諸音樂給人聯想的視覺意象與直接的感受。不過拉威爾比較精雕細琢，被稱為「瑞士鐘表匠」，和德布西熱中的象徵主義大異其趣。

若說德布西的作品像是潑墨畫，寫意不寫形，節奏、旋律不規則而難以捉摸；拉威爾則是工筆畫，節奏像巴洛克時代，規規矩矩，異常的節奏少。另外，德布西作品很東方，拉威爾則是西班牙巴斯克族（Basque）後裔，帶有強烈西班牙色彩，包括〈左手鋼琴協奏曲〉（Concerto pour la main gauche）、〈波麗露〉（Boléro）舞曲、《鏡》（Miroir）曲集中的〈小丑的晨歌〉（Alborada del gracioso）作品，都讓人感覺如同色彩鮮明的西班牙畫作。

印象派音樂與視覺有強烈的結合，常常成為電影配樂。拉威爾的〈波麗露〉舞曲和他為作曲家穆索斯基（Mussorgsky）改編的〈展覽會之畫〉（Pictures at an Exhibition），就是電影常客。例如得過奧斯卡電影獎的《戰火浮生錄》（Les Uns et les autres），波蘭大導演的電影《紅色情深》（Trois Couleurs: Rouge），裡頭的主題音樂也都是〈波麗露〉。

文／盧怡安、顏涵銳

人物小檔案

拉威爾（Maurice Ravel, 1875 - 1937）
身分：法國作曲家、鋼琴家
地位：最受歡迎法國作曲家
成名曲：管弦樂〈達芬尼與克羅伊〉（Daphnis et Chloe）、〈波麗露〉

© wikipedia

流行樂一大始祖

法國香頌（chanson）是史上第一次全球流行的音樂，若想直接感受法式文化的浪漫，就來聆聽香頌。

Author: Charles Breijer / Anefo © Wikimedia Commons

人物
小檔案

露仙妮・鮑華耶（Lucienne Boyer, 1903-1983）
地位：香頌第一人
成就：促進香頌的蓬勃發展
成名曲：〈對我訴說愛語〉

73 香頌情歌
慵懶的法式浪漫

如果你以為只有披頭四（The Beatles）、麥可‧傑克森（Michael Jackson）或女神卡卡（Lady Gaga）才是跨越地域、影響全世界音樂的流行歌手，那就錯了。早在 1930 年，由法國香頌歌手露仙妮‧鮑華耶（Lucienne Boyer）演唱的〈對我訴說愛語〉（*Parlez-moi d'amour*）影響力就已經橫貫東西，成為全球模仿的對象，從上海的周璇、白光，到東京的美空雲雀，都群起模仿那種慵懶的唱腔與顫音。

法國文化部代表隆巴德說，法國當代音樂多半是一隻腳踩在傳統經典音樂裡，另一隻腳踩踏新元素。新元素常常來自於文化融合，如印象派音樂大師德布西受到東方音樂影響、拉威爾則受到西班牙旋律感染。

法式音樂重視和諧、意義和深度，對歌詞也同樣要求。隆巴德說法文是個有趣的語言，很有音律性。因此從巴洛克時代開始，如盧利（Jean-Baptiste Lully）的法式歌劇，就很注重歌詞和樂句的搭配，而詞曲的和諧完美，則到香頌發展時達到最高峰。

香頌是法文「歌曲」一字的音譯，最早是詩人或歌者寫下苦澀的親身經歷來演唱，特別在乎故事與歌詞，詞韻必須和曲調相搭，字句長短必須和節奏相合，就像用句子在打節拍、用音韻在譜曲一樣。在電視尚未出現時，這種曲韻魅力使香頌成為第一種能席捲全球的流行音樂。

聆聽香頌，就是一種最直接感受法式氣氛的方式。影響美國半世紀的爵士第一夫人艾拉‧費茲傑羅（Ella Fitzgerald）就說，如果無法感受香頌，就無法體會什麼叫真正的浪漫。

文 / 盧怡安

三大香頌歌手

世界上最具影響力的三大香頌歌手，分別是伊迪絲・琵雅芙（Édith Piaf）、夏勒・川諾（Charles Trénet）及塞吉・甘斯布（Serge Gainsbourg）。

Author: Nationaal Archief, Den Haag, Rijksfotoarchief: Fotocollectie Algemeen Nederlands Fotopersbureau (ANEFO), 1945-1989 - negatiefstroken zwart/wit, nummer toegang 2.24.01.05, bestanddeelnummer 914-6436. © Wikimedia Commons

人物 小檔案

伊迪絲・琵雅芙（Édith Piaf, 1915 - 1963）
地位：香頌女王
成就：登上紐約音樂最高殿堂卡內基廳
成名曲：〈玫瑰人生〉

74 伊迪絲・琵雅芙
成長於妓院的香頌女王

出身街頭的伊迪絲・琵雅芙，竟能唱進紐約音樂最高殿堂卡內基音樂廳（Carnegie Hall），過世時法國還為她舉辦國葬。雖然過世近半世紀，但不同世代、不同國籍的人仍在聽她的歌；她的歌聲跨過語言鴻溝，能讓聽不懂法語的人也潸然淚下。

一生傳奇的琵雅芙，由經營妓院的祖母帶大，身高僅 146 公分，因此藝名被取作 Piaf，意思是小麻雀。琵雅芙人生滄桑，男友多遭橫禍，她最著名的香頌情歌〈玫瑰人生〉（*La Vie en rose*），歌詞乍看幸福浪漫，但其實唱的是自己多舛戀愛過程中，悲愴卻仍不放棄希望的開朗。她的故事甚至被拍成電影《玫瑰人生》（*La Vie en Rose*），並獲得奧斯卡、金球獎、法國凱撒獎等國際大獎。

75 夏勒・川諾
電影配樂香頌王

被喻為「香頌國民歌王」的夏勒・川諾，與琵雅芙齊名。川諾一改香頌緩慢的節奏，以戴著小圓帽、邊唱邊跳的形象深植人心，充滿感情和自然風光畫面的歌詞歌曲，予人療傷效果。川諾寫下達千首的歌詞，作品經常被選為電影配樂。如被納入《海底總動員》（*Finding Nemo*）等多部電影插曲的〈海〉（*LaMer*），據說歌詞在 20 分鐘內一氣呵成：「海，夏日天空下，混和著白色的羊群與純潔的天使。海，像一張湛藍的安樂椅，無窮無盡。」川諾的歌是香頌創作的典型，寫自己的故事自己唱。童年生長於地中海區的他，於是寫下許多具詩意的飛鳥、海景、藍白房舍的地中海風情。

人物
小檔案

夏勒・川諾
（Charles Trénet, 1913 - 2001）
地位：香頌國民歌王
成就：電影配樂最愛用的香頌王
成名曲：〈初吻〉（*Boum!*）、〈海〉

© wikipedia

76 塞吉・甘斯布
法國流行音樂之父

沒有塞吉・甘斯布，就沒有近代法國歌曲。甘斯布既是作曲家，也是導演、演員、詩人、畫家，他個性幽默、放蕩，前衛性十足，有人崇拜他如神，甚至有「法國貓王」之稱。

甘斯布早期作品如〈丁香站剪票員〉（*Le poinçonneur des Lilas*），用富含曲韻的詞，打出結合電子音樂式的節拍，而越到晚期，則出現性話題越誇張的大突破，如 1950 年代與小野貓碧姬芭杜合唱的〈我愛你，我並不〉（*Je t'aime, moi non plus*），是一首從頭到尾充滿性愛喘息聲的驚世之作。1985 年甘斯布在〈檸檬亂倫〉（*Lemon Incest*）中和年僅 14 歲的女兒對唱激情歌詞，更引起社會一片譁然。

隆巴德説，甘斯布那種慵懶、前衛、性感到超越世俗道德界限的香頌和當代音樂，是另一種同樣重視享受氣氛的法國精神，但不怎麼優雅的音樂類型。

雖然甘斯布被貼上頹廢、放蕩的標籤，卻無損他成功融合香頌之外的大量音樂元素：雷鬼、電子、放克、新浪潮的才情，甚至被選入音樂教科書中。甘斯布的能力早已超越香頌的領域，成為法國流行音樂之父。

文 / 盧怡安

Author: Claude TRUONG-NGOC © Wikimedia Commons

塞吉・甘斯布（Serge Gainsbourg, 1928 - 1991）
地位：法國流行音樂之父
成就：融合香頌之外的大量音樂元素
成名曲：〈我愛你，我並不〉

郭政彰 攝

居家 Home

法式古典風格家具，巴洛克、洛可可到
新古典主義，優雅的魅力，對現代居家
產生綿延不絕的影響。

一位絕代品味之后

身為被送上斷頭台，美麗卻敗金的皇后，瑪麗收斂華麗、摒棄宏偉，啟蒙了後世法國人優雅的居家品味。

77 瑪麗皇后
一抹微綠影響世界 2 百年

路易十四創造了法國文化強大的影響力和品味之本，但談到法式居家風格，影響現代人更深的，卻是瑪麗・安托瓦內特，就是「斷頭皇后」、電影《凡爾賽敗金女》（Marie Antoinette）的主角。

因為生於民主意識強過君主制度、財政敗壞的政治經濟背景之下，瑪麗皇后的形象一向不好：過分奢靡、忽略民生。然而撇開政治罪名，她卻擁有極好的品味。瑪麗熱愛音樂，會彈豎琴，出生在「歐洲音樂之都」維也納，是奧地利哈布斯堡王朝（Habsburg）的公主。從小嘗遍精緻美食、撫遍細緻服飾，養成她挑剔而又精準的好品味。

瑪麗曾經調出一種嶄新的綠色，2 百年後都還大量被運用在居家布置，這綠色因此以她命名「瑪麗・安托瓦內特」（Marie Antoinette green）。她不喜歡凡爾賽宮的金碧輝煌、過度裝飾，因此摒棄宮裡處處可見的金色，將自己寢宮小特里亞儂宮裡的主色，換成獨特的「瑪麗・安托瓦內特綠」。

這種調和的深綠色，原是搭配窗外田園景色，難度在於不流於鄉村色調。這是全新的宮廷色，濃重富麗，且極度耐看，即使經歷 2 百年褪為灰綠色，卻更顯優雅。

不只色彩，瑪麗皇后將她獨到的居家風格反映在私人寢宮內，成為線條相對簡單，卻同樣有宮廷莊重感的高難度品味之作。啟蒙後世法國人的居家用色、家具形態，影響至今。

三大古典居家風

在瑪麗與路易十六之前，路易十四、路易十五，一脈相傳的三王各
有獨到的品味，即使對現代人影響漸弱，也主宰過當時歐洲居家與
藝術風潮許久，成為歷史上有名的法式巴洛克、洛可可風格。

78 法式巴洛克
雄性動物雕刻的豪華宏偉

巴洛克風格始於義大利，路易十四卻發展出獨特的法式巴洛克：除了豪華宏偉的造形、男性化的特質，更講究具有動感的雕刻，木構件多有動物形象。代表性家具是五斗櫃：方正的櫃體，角落均有渦捲裝飾，四面邊角和櫃腳都有誇張的人物或動物雕刻；正表現出路易十四特別重視藝術的態度，以及文化活動昌盛的太陽王威嚴。由於他開啟與中國的貿易，櫃上常放置青花瓷器，若非進口就是工匠仿製的東方風格，亦為特色。

法式古典家具的價值，可以從漆工來分辨。標準的法式古典家具，手工上漆手續可達 12 層，讓實木細胞均勻且深入吸收漆色。以象徵尊貴的金色為例，較不講究者，用的是金漆，若不小心碰撞到，漆容易掉，立刻露出木色。耐看的金色，是以金箔慢慢推上，使之貼合於家具上，撞到只會往內凹，仍是金色的；且氧化後所呈現曖曖內含光的色彩，不會像金漆無論放多久，永遠令人刺目。

有年份的古典家具雖會隨使用頻率、尤其是體溫影響，而褪色磨損，但只要底層漆工扎實，磨損處仍會有光澤，而且，真正的古典家具，在椅面、扶手等體溫影響處，呈現的是漸層褪去的樣貌。做舊的仿古典家具難有均勻漸層，而且磨損褪色處多半是人體難以接觸的邊邊角角。

郭政曾攝

79 洛可可風
女性化家具與沙龍文化潮流

路易十五個性軟弱、情婦眾多、重視享樂，正是法國女性主義抬頭的時期。整體家具為符合貴婦口味，尤其必須服務路易十五首要情婦龐畢度夫人（Madame de Pompadour）的沙龍文化所需，偏小型、女性化，著重精美纖細，也開始出現靠墊、軟墊等配件。裝飾花紋為流水曲線、草莖、貝殼花紋，有許多不對稱的雕刻，即洛可可風。

用色粉嫩，以淺色為主。代表家具是小靠牆桌、小抽屜櫃，矮小、比一張餐墊寬不到哪裡去，充滿雕花、曲線，是給女性放珠寶、文具的。

法式家具在製作繃布時，用鈕不用釘，即一顆顆陷入沙發布料內的圓鈕。受力面積較大，較不易傷及布料。不像用釘的，尖銳角立刻傷及布料，等到老舊時，很快會沿著細微破裂面，從邊邊角角處裂開。鈕形繃布者較耐用，通常是已經坐到臀部下方的布，真的磨損到最高點，才會從中間裂開。

80 新古典主義
輕巧家具線條更修長優雅

在瑪麗之前，法式建築與家具原本繁複、花稍。她與路易十六開始著重輕巧、簡單，卻更顯優雅。代表家具為扶手椅。椅腳從捲曲變為直線條，裝飾圖案多半是對稱、幾何圖形，較為單純、有秩序。許多靈感，來自此時期出土的龐貝古羅馬遺跡，如椅腳有古羅馬古典柱形演變而來的凹槽雕刻，上寬下細，展現輕盈優美的特性，稱為新古典主義。

值得注意的是，所有好家具的木料，都應經過完整風乾期，古典家具尤其重視無釘榫接。風乾能使水分充分揮發，質地與線條更均勻，不會產生空隙。榫接能抗熱脹冷縮，零件之間接合更緊密。兩樣細節照顧得好，搬動時應感覺家具是沉沉的、實在的感覺，而非搖晃，甚至發出聲響。

不論各時期，尺寸均適中偏小巧，少有大沙發、寬床面，不是要讓人躺坐得很慵懶。相反的，單椅設計得要讓人坐得很挺，雙腳擺得優美漂亮，但不會腰痠背痛。長椅不是讓人坐在正中間全身舒張開，而是偏坐一邊，能讓 18 世紀的女士們裙襬往旁打開。使用法式家具，就是能讓人展現古典的優雅身段。

文 / 盧怡安

郭政彰 攝

法式居家五大魅力

法式居家品味最重要的關鍵字，就是「charm」，所追求的不是高價，不是豪華，而是一種魅力。

81 舊時代美感
家具的人味及生命力

法國人熱愛尋找的舊時代美感，並非骨董，他們喜歡破舊斑駁的家用品。一把銀湯匙，或者是一個瓷盤，可貴的並非是它被存放了 3 百年，而是它經歷過的故事。物件被使用過、被修補過，從這些痕跡中，看到人性與感情，有時間的刻畫，反而更被珍視。

有家飾女王之稱的寬庭董事長陳靜寬說：「Charms of living 是法式居家品味的精髓。不管是什麼風格的家，都一定要有魅力才行。」所謂的魅力，是由內而外，最主要來自於主人本身。你可以從主人的居家擺設，看出他是如何生活其中，看出他獨到的個性、豐富的見識、熱愛的事物。

進一步來說，法國人認定有魅力的居家擺設，不在於價格多少，而在它們都是可以說出故事的、有人味、有生命的。

陳靜寬曾在風格高雅的法式家中，看到一個用駝羊毛編織、外表粗粗的玩偶，隨意放在沙發上，雖然不怎麼精緻優雅，卻顯得溫暖可愛，很有味道，惹人忍不住多看幾眼。主人可以娓娓道出，這是在祕魯時看上的當地手工玩偶，獨特的異國風格和可愛的手工感吸引了他，而成為家中一個有旅行故事、也有獨特魅力的擺設。

在法國，具有魅力的居家，都有一個特色，那就是新與舊能夠巧妙融合。舊的、有時間感的東西，與新的、現代感的風格，總是能夠以主人獨到的眼光，恰到好處地拼接在一起。換個角度來說，即使是在現代法式居家中，老的東西不能少於一半，否則對他們來說，就是不夠經典耐看。

82 耐看老物件
混搭在現代家飾中

陳靜寬曾經和法國知名寢具依芙德倫（Yves Delorme）第三代傳人基・德倫（Guy Delorme），參觀一家巴黎新裝潢好的飯店。這家飯店玩了不少新手法，例如吧台區不用霓虹燈管，改貼上一整牆的水晶，反射出炫麗光芒，取代傳統吧台燈光設計；藝術品也完全是新潮、前衛的，令人目不暇給、耳目一新。

但德倫搖搖頭說：「我擔心它的好無法延續很久（I am afraid it won't last long）。」經典的、有時間感的老物件太少，就缺乏一種雋永、經久的特色，很快就會被時間洗刷掉，而無法非常耐看。

追求有魅力感的居家品味，可能沒有一定的道理和途徑；但有水準的歐洲人，都喜歡老東西。到跳蚤市場找出符合自己個性的老東西，是他們絕對會做的事。到跳蚤市場到底要找什麼呢？找失去的工藝、失去的材質，和失去的風格。

陳靜寬有幾只非常喜歡的小木偶，就是在跳蚤市場找到的。它們的關節內有機關可以動，而且很靈活。雖然由硬邦邦的木頭刻成，卻有著難能可貴的鮮活動作、表情，好像有了靈魂一樣。那是舊時的手工製作技術，和現在常見關節只以線連結，動作不太靈敏的小木偶一比，那就是一種魅力。

另外像是賽璐璐（celluloid nitrate，一種合成樹脂）等材質、60 到 80 年代風格的家具家飾，特別是經過歲月洗禮而留下美麗痕跡的物件，都只能在跳蚤市場中找到。

法國人就是有辦法把老物件，和新買來的當代藝術品，毫不做作地使用在家中，且融合得非常自然。

83 挪動家具換新漆
改變心情色彩

法國人不怕買錯，不怕換個方式開始，更不怕麻煩。凡是自己喜歡的，不管是東方花瓶，非洲面具，或是歐式傳統掛毯，他們都設法搭在一起。這一季的這種擺法，可能不是最理想的，隔了 2 個月，他們就又開始挪動家中各處，包括大型家具，試試看同一批擺設，是否能調整出其他風情來。

「如果讓朋友隔了一年來，發現自己家還是一樣沒變，對他們來說，是很丟臉的。」陳靜寬說，曾在多次拜訪法國朋友時，發現他們有個共同嗜好，就是改變牆壁的色彩。有的上個月還是整面淺綠色，不到 1 個月，竟然換成花的壁紙。

不管是重新油漆牆壁或是改變壁紙，10 個有 9 個都是自己動手，很勤快、很稀鬆平常地更換顏色，以改變季節感、心情，並將家具全部大調動。陳靜寬開玩笑說，「對他們來說，刷油漆根本就是一種運動項目。」

透過這樣不斷更換位置，和用不同色調來統整，慢慢鍛鍊出法國人更好的技巧和眼光。買錯有什麼關係？不要怕，重新擺擺看，越調整就越有心得。也會因此更了解自己，對於已經擁有的各種物件，會養成獨到的美感與見解。

陳靜寬說，和法國人一起逛跳蚤市場，有時發現很不錯的、好看的物件，他們會搖搖頭放回去，「適合放到妳家裡面去，才是美。」若對自己的品味和眼光，沒有充分的自信和認知，是沒辦法講出這種話的。

84 手工家飾
稀有不量產的氣質

另一種令法國人完全投降的魅力，就是手工感，典型的例子是蕾絲。手工蕾絲，不像機器製那樣平整、規律，但就像各種手工作品一樣，暗示著一種訂製的、稀有的、不量產的氣質。手工蕾絲背後繁複的工法，就像油畫，究竟上過了幾層工，乍看可能會被蒙混過去，但仔細比較就看得出差別。

整整齊齊者，絕對不是討法國人喜歡的品味感。

這種對於手工感的迷戀，也展現在居家生活裡面，像是主人款待客人的方式。陳靜寬說：「法國到處都有好吃的甜點、好喝的酒，但很奇妙，每次我去法國人家中做客，他們多半會準備親手做的甜點，或自釀的酒來招待。」

法國人招待客人的餐點，可能是從五星飯店叫來或外燴的，但其中總是有一樣，通常是甜點，主人一定要親手做給客人。這種手作的誠意，是他們待客的最高境界，也是客人認為最棒的禮物。主人往往都能講出一套故事來：是什麼月份就開始釀的酒，或是特別用什麼樣的手法、在什麼溫度下做的點心。大部分甜點本身不會好看，但真的好吃，而且一定會有很棒的擺盤法，令人喜愛。

逢志影像

85 燭光、香氣和音樂
打造優雅氛圍

法國居家生活態度還有一點很關鍵，就是五感統統要照顧到。

「我常看到法國人帶著客人一同回到家，寧願讓客人在外面等 3、5 分鐘，自己先進到房子裡，把窗戶統統打開，然後噴上香水或點上蠟燭，讓客廳換上一種新味道。味道要對、燈光要調到好，然後再請客人進門。」陳靜寬說，除了視覺之外，燭光、香氣和音樂，這種比較容易被我們忽略的地方，法國人都同樣重視。

這就是為何法國人家裡總能顯得優雅，他們比誰都還要會用軟件，來強化自己的個性。

去法國人家中，主人給你一杯水也好，杯子絕對不會光溜溜擺放在桌子上，杯托和襯墊，就像與生俱來一樣常相左右。沒有一個人不用桌布，沒有一個人不用口布（擦嘴布）。

更高竿的擺法，不是成套，而是能夠融合不同顏色，甚至不同材質，那才叫厲害。對法國人來說，只要紋樣、色彩拿捏得好，有時輕薄的瓷器，也能配上厚實的織品，搭起來別有一番風味。其巧妙只能說是經年累月不斷大玩組合遊戲，才會有那樣的眼光。

文 / 盧怡安

四大餐桌美學

如果想在家中辦一場令人眼睛一亮的正式西式餐宴，向法國學習餐桌布置學問，就是最好的參考。

©達志影像

87 西式餐桌，首選白色桌布

精緻生活的鼻祖法國太陽王路易十四，立下餐桌上的「太陽王禮儀」，也成為全世界正式西餐禮儀的開創者。餐桌布置，更是此學問中之精華。法式餐桌布置，織品角色更勝於昂貴餐具。大塊面積的桌布，多半使用大地色等基本色彩，又以白色為首選。

在中世紀的歐洲，沒有專用餐廳，僕人在用餐時才抬出桌子。文藝復興後，歐洲剛度過漫長的黑死病威脅，重視清潔的主人，會用純白桌布掩飾桌子本來的用途，從義大利藝術家達文西作品《最後的晚餐》（*Il Cenacolo or L'Ultima Cena*）中，就可以看到桌布的使用。不過這種桌布使用方式傳入法國後，已擺脫衛生因素，成為生活美學的重點，白色系被認為是最正式且經典的顏色。

正式場合的餐桌，桌布要超出桌子 30 公分以上，垂落下來。繡花是關鍵，越精緻典雅，表示越有格調。講究的，邊緣會有家徽或主人名字縮寫為圖案的精緻繡花，代表家傳歷史淵源。

87 高級宴會，必備純白口布

正式西餐場合，桌上一定有白色口布。使用口布的緣由同樣溯及文藝復興時代，在此之前，歐式餐具只有刀、沒有叉，直接用手很常見，因此貴族需要又大又長的口布方便擦手，因而成為一種習俗。

即使義大利梅迪奇家族（Medici，文藝復興時代富可敵國的家族）的凱薩琳（Catherine de Médicis），在 16 世紀嫁入法國王室，帶來叉子，也不改口布在法國高級宴會場合的必要性及地位。稍稍講究用餐氣氛的法國人，至今在家仍會使用口布。

口布雖然有裝飾功能，但最終還是要給客人使用，主人或服務人員接觸得越少越好，因此純白色、簡單折起或捲起即可。捲起時，沒有口布捲可固定的話，用絲帶綁好，放入 1 疊共 3 只大小不同的盤子裡，就很有情調。非正式的場合，可以買彩色餐巾紙代替。

88 餐墊不超過 3 色

在白色的桌布及口布之外，餐桌上的主要視覺重心，落在桌面中央的餐墊。選擇 1 項主色，其他部分再用與它相襯的接近色，或相反的跳色來襯托。

通常在越正式的場合，餐墊的花色越少、越低調；非正式的場合，可以較繽紛。較複雜的餐墊可分成兩種，一種是客人用餐時的墊子，一種是放在中央、花瓶或桌上主要裝飾下面的墊子。顏色都要搭配環境，通常是配合窗簾，使用餐環境成為一個整體；其次是配合桌上擺設，通常不超過 3 個顏色。

餐具的擺放以盤子為界，右手擺放餐刀和湯勺，注意餐刀的刀鋒向內放置，湯勺放在餐刀的旁邊，凸起的一面朝上擺放。較為正式的宴席需要放置 3 個杯子，包括水杯、紅葡萄酒杯和白葡萄酒杯。如果只是簡單的家庭聚餐，1 個清水杯和 1 個葡萄酒杯也就夠了。親密友人之間的晚餐，在桌上擺放幾個大小高低不等的香檳杯是個不錯的主意，實用和裝飾功能兼備。

©達志影像

89 亮眼單品一件就好

餐桌上除了顏色的搭配之外,還可以另外擺放配合氣氛的一件單品。像是耶誕時節在餐桌上選個最小面積的位置,擺上一棵小小的銀色聖誕樹,就很有過節氣氛。

要注意的是,桌面上最好只有一項最亮眼的單品,不需要把太多主角放在一起,例如中心已有圖案優美的花瓶,就不會再配上有花紋的餐墊,以免搶了花瓶風采。鮮花擺放的原則是,不要超過一般人在餐桌前坐下後鼻子的高度,以免擋住客人彼此眼神的交會。

燭光則可以產生很好的光暈與氛圍。雖然法國有非常昂貴、傳自17 世紀凡爾賽宮使用的宮廷蠟燭,但除非你對此很感興趣,否則一般品牌的蠟燭即可。要注意的是,在餐桌上不要點有香氛的蠟燭,以免干擾食物。

文 / 盧怡安

建築 Architecture

巴黎建築的精彩，在於讓人的生活變得
更美好。

五大法式建築美學

看巴黎建築時，你不需要一區區去尋找，因為各個時代全混合在一起，瞬間可以回到 18 世紀，下一秒，又回到現代；沒辦法完全發掘巴黎，單單體驗這些時光交疊的不同建築空間，樂趣已無窮。

90 古典氛圍 穿梭 5 百年

巴黎的建築，能讓人瞬間穿梭 4、5 百年的時空之間。由於巴黎沒有經過戰爭的摧毀轟炸，比起東歐曾經輝煌過的奧匈帝國領土，每一個角落，巴黎都還能細緻保留該時代的風範。

巴黎有 14、15 世紀的古典風格，17、18 世紀路易十四的風格，以及後來的新藝術運動（New Nouveau）及現代主義（Modernism）。你可以在巴黎各個角落，享受不同時代的氛圍。

亞洲最有影響力設計師陳瑞憲說，14、15 世紀最具代表性的生活區域，就是西堤島（Île de la Cité）、聖母院附近。房屋已經歷經風霜，人卻還生活在裡面，那是一種仍在運作、生活著的古典氛圍。尤其進到那邊的餐廳用餐時，一整排沙發，桌子是連著的，每個人要進去或出來，都得移動桌子。「在這裡吃飯，不認識的人就坐在你旁邊，你甚至可以問他，那個好不好吃？」你會感受 14、15 世紀生活的方式，以及人與人之間的互動，以前有那樣的氛圍，現在，也還是。

17、18 世紀時，巴黎承接早期由義大利傳來的文藝復興及巴洛克風格的文化，但因為更加富有了，他們的生活乃至於建築物，顯得更精緻。17、18 世紀路易十四的文化風格，可以在羅浮宮附近、皇家花園（Palais-Royal）周遭感受。「像是羅浮宮的屋頂就很法國。」陳瑞憲說，巴黎以北，斜屋頂的成分比較高，裝飾性就減低了；南方則是高度裝飾性，實用價值較低。羅浮宮這樣的屋頂形式，兼具北國的實用性與南方的華麗感，成為很好的組合。

巴黎發展到 11 區時，正是新藝術風格興盛之時，這裡有非常完整的新藝術時代建築物，每一棟都很精彩。新藝術風格，就像巴黎地鐵入口那扇綠門，花花草草、捲曲的線條那樣，十分藝術。在 11 區的住宅區散步，可以感受當時風靡全歐的藝術風格。

文 / 盧怡安

91 朝代更迭，新舊並存

巴黎的建築特別精緻，不必非常有歷史，只要大家認為這是值得留給後代的，是公認的好作品，就會費盡心思保存。

陳瑞憲曾在 2011 年受邀參觀一位建築師為巴黎畢卡索美術館重新裝潢。事實上在 25 年前，這裡已經被整修過，政府也已經認證過這是好作品，所以即便只是短短 25 年，下一位建築師在修改時，有些部分已經不能碰、得好好保留。「這讓我相當驚訝！不必達到什麼百年規模，只要是好的、美的，就該留下。」因為這樣的政策、觀念和文化，造就法國整個生活與空間的軌跡。

「到巴黎看建築，不要只在外面拍照，一定要從巴黎的房子裡面往外看，才更能感覺到它的千層派個性。」陳瑞憲曾經去到一棟市府旁的房子，樓下是商店大道，十分摩登，但那一扇木頭門，就是新藝術的裝飾感。「走進去一看，嚇了一跳，好像回到 18 世紀，牆上還有 17 世紀煤氣燈的出孔，現在已經不亮了，但也沒人去改過。」

巴黎房屋的很多格局，都不是現代人的邏輯可以想像。譬如在過

新凱旋門

去沒有電梯，現在加設的電梯，也只能到 2 樓而已，你必須要爬 1 到 2 層才坐得到電梯。觀察老階梯的設置、變化，還滿有風情的。陳瑞憲說：「我還曾拜訪一幢房子，從非常現代的街上走進一條窄巷，兩邊都有 7、8 層樓高的窄縫中，底端卻出現一座扶手粗得跟什麼一樣，非常有質感的木頭樓梯。房內很狹小，但是天花板到地板，木頭都很粗壯、札實，讓我有一種 14、15 世紀空間的體驗。」

巴黎許多現代建築，也很精彩。陳瑞憲說他很喜歡的一棟現代建築物，是卡地亞辦公總部（Foundation Cartier）。「建築師尚‧努維勒（Jean Nouvel）做了一棟全部是玻璃的房子。巴黎有一項規定，房子要對齊格線，但他把主體留在後面，前面豎起一堵玻璃的牆。這效果非常好，走到那裡就覺得，好像感受得到很多幻影。」

陳瑞憲認為：「所謂建築的好品質，是不怕時代變遷，永遠在那裡，很自信、很優雅地存在。」巴黎經常一棟新的建築物出來，就變成一個標準，那個標準強無可破。譬如說，新凱旋門（Grande Arche de la Défense）、玻璃金字塔。觀念上很新、工法也很新，可是經久、耐看，讓人覺得一登場就非常成熟。

巴黎無論什麼時候發展出來的文化，痕跡都被好好保留著；這座城市把每一個時代都累積下來，一層層疊上去，每個人都能找到自己所嚮往、鍾愛的某一層過去。

文 / 盧怡安

92 輻射狀大道的美感

巴黎聞名於世的輻射狀網路街道形態，以凱旋門（Arc de triomphe de l'Étoile）為中心，共有 12 條輻射狀寬敞的林蔭大道，如星辰放射出去。這樣的設計是由都市計畫大師歐斯曼（Georges-Eugène Haussmann）一手規畫的。

歐斯曼是整體性打造巴黎城市——看得見與看不見面貌的靈魂人物。他認知到地標性建築在都市空間的重要，因此在最具象徵性的示範道路，以重要建築物連結。其中最重要的代表建築物，就是外觀華麗而精緻的巴黎歌劇院。

要襯托巴黎歌劇院這麼繁複的建築，需要的是單純的城市建築背景。於是歐斯曼規範建築物的立面，讓巴黎街道空間具備一致性與和諧性：開窗盡可能規則與單純，連接起來的街道立面也維持這種基調，甚而規定建築物立面由某特定石礦場提供，以具備相同的成色。這形成了「歐斯曼式」的建築與街道空間特質，以格式化、現代化的角度欣賞大道兩端建築的形體，就能體會此區的美感。

文 / 王維周

聖日爾曼德佩區

93 廣場空間充滿生活感

巴黎的建築，不是朝聖用的。陳瑞憲說：「巴黎的建築告訴我們一件最重要的事情，就是建築與空間是為了生活，而非只是為設計而設計。」世界上有很多建築或許充滿了戲劇性的震撼效果，但與人的生活卻沒有什麼關係。陳瑞憲認為，在巴黎很少看到某棟建築物特別偉大，因為，人們每天進出生活的建築也很精彩。

陳瑞憲說：「我覺得巴黎最有生活感的空間就是，廣場。」廣場聚集了市民的生活面貌：有市集、選舉、音樂會等等，任何活動都可以在廣場舉行。

巴黎城中，許多社區般的配置，就像個村落一樣，裡頭都有廣場，你一進去就好像參與小村子的生活一般。「我最喜歡的聖日爾曼德佩區（Saint Germain des Prés），周圍都是小廣場，有許多 café 圍繞著，喝咖啡的人都像村民一樣，旁邊還有其他販賣食物或生活用品的小店。」不同廣場有不一樣的氛圍，你可以藉由廣場的面貌，判斷這是一個什麼樣的文化區域，真的很迷人。

文 / 盧怡安

94 公園風情
營造情境

營造情境、講究氛圍的古典生活品味，在現代巴黎依然到處都是，最具代表性的，就是法國的公園風情。法國人若要從 A 地走到 B 地，他們一定會選一條走起來有氣氛的路線。最好是鑽入一座公園中，把心情洗滌一下再出來。

「我和巴黎的朋友們，若是在上班時相約外出午餐，就會去盧森堡公園（Jardin du Luxembourg）。」郭倩如說，這座公園的雕像、小博物館，都出自古典時期。進入這座公園，一幕幕像回到古典情境裡，「人回到這段歷史時期，那時的步調沒那麼快，身心都好像被洗滌了一下，即使只是坐在花園旁簡單吃個三明治，都感覺放鬆了。」

若是到知名的杜勒麗花園（Jardin des Tuileries），則是另一種情境。杜勒麗位於協和廣場（Place de la Concorde）與羅浮宮之間，等於是巴黎、甚至是整個法國的門面，公園的氣氛是：氣派。花圃的輪廓線乍看四四方方的，仔細研究，都是細膩的花邊狀，有典型法式如蕾絲花邊的線條。樹木栽種的氣氛，則是直挺挺而有規矩的。走入杜勒麗，體會的是法蘭西的驕傲與細緻。

但郭倩如說，巴黎人假日真正會去的公園，是像巴葛蒂爾公園（Parc de Bagatelle），浪漫而經典。巴葛蒂爾公園位於遊客鮮至的 16 區，花圃有著每回玫瑰競賽中最經典的玫瑰品種，例如最大、花瓣最多、最香等等。什麼叫製造浪漫？不需要太多言語交流，這裡的氣氛就會帶人回到溫馨浪漫的時光裡。

文 / 盧怡安

盧森堡公園

一位都市規畫大師

一座美麗的現代化都市該有什麼城市品味？150 年前，法國人歐斯曼定調此事，進而影響全世界的城市景觀至今。

95 大師歐斯曼
城市美化運動鼻祖

如果不是都市計畫大師歐斯曼，現代「花都」巴黎，恐怕得一直陷在德國文豪徐四金（Patrick Suskind）筆下那個「世界最臭城市」的魔咒中。

18 世紀，因為缺乏完整的都市計畫，唯美浪漫的巴黎，在徐四金的名著《香水》（*Das Parfum*）中被這樣描述：「城市裡充滿一股現代人難以想像的臭味……河面上飄著臭味，廣場上飄著臭味，教堂裡飄著臭味……連國王也一樣，臭味跟肉食動物一樣……幾千種味道彷彿共同煮了一鍋粥，填滿大街小巷所有水溝，鮮少能蒸發出去，在地面上積聚不散。」

這樣的情況，經過工業急速發展的 19 世紀，更嚴重了。許多勞工從外省移入巴黎工作，城市人口越來越密集，生活環境越來越糟，甚至在 1832 年，引發了一場霍亂瘟疫。

1848 年，拿破崙三世上台，他受不了巴黎的混亂，更受不了原本落後巴黎的倫敦後來居上、獨領風騷，於是任命曾擔任警長的歐斯曼為塞納省（département de la Seine）省長，進行巴黎的大改造。

歐斯曼的改造工程進行 20 多年，共拆毀 2 萬 5 千棟舊房舍，建造 7 萬 5 千棟新樓房。由地下到地上、從街道到建築，把巴黎翻了好幾番。除了擘畫出以凱旋門為中心的 12 條林蔭大道之外，還拆除貧民窟，拉直蜿蜒的道路，打通巴黎市區的任督二脈。

更重要的是歐斯曼還埋設地下污水道與全面管線，讓臭味及穢物終於有了宣洩管道；系統性地將街廓、街道建築物進行立面規範，包括屋頂的斜度、建材的統一使用；管理林蔭道植栽、街道照明及街道家具設計；布建瓦斯與自來水管；發展都市中的大型公園，與鄰里型的小公園等。

這些今日全球城市管理的必備概念，是由歐斯曼在 150 年前首創提出。於是，髒臭的巴黎變了，由一座中世紀的城市變成美麗的現代巴黎，整座都市甚至成為藝術創作的題材。換句話說，沒有歐斯曼，就沒有碧麗輝煌的香榭麗舍大道（Champs-Élysées）、沒有壯麗的巴黎歌劇院，更不會有浪漫的路邊咖啡座。

巴黎改造工程，後來引起全世界的「城市美化運動」（City Beautiful Movement）。這股風潮，像急流進入久旱的荒原一樣，滋養被工業革命染灰的其他城市，特別是 19 世紀末美國、澳洲這些新大陸國家，包括芝加哥、底特律、華盛頓特區，以及墨爾本、

坎培拉的都市規畫。甚至台北市,在 70 年代也有一段「巴黎化」的過程,包括台北仁愛圓環、仁愛路、敦化北路林蔭大道,台北市的公共藝術等等,構想源頭都來自歐斯曼。

歐斯曼給了全球都市新生命,為紀念他,巴黎還特別以他為名,建了一條歐斯曼大道(Boulevard Haussmann),就是現在巴黎百貨公司聚集最多的地方。

文 / 王維周

人物小檔案

歐斯曼
(Georges-Eugène Haussmann, 1809-1893)
地位:城市改造霸王
成就:將「世界最臭城市」改造成「花都」
紀念地:歐斯曼大道

五大經典建築

巴黎聖母院、凡爾賽宮、凱旋門、巴黎歌劇院及巴黎鐵塔，古典的、創新的五大經典建築，值得細細欣賞。

96 巴黎聖母院，莊嚴的古典美

位於法國巴黎市中心、塞納河西堤島上的巴黎聖母院，因信仰上是天主教巴黎總教區的主教座堂而備受重視，更因雨果筆下的《鍾樓怪人》（*Notre-Dame de Paris*）故事被賦予傳奇色彩。

以「我們的女士」（Notre Dame）為名，意指耶穌母親聖母瑪利亞的巴黎聖母院，是座典型哥德式教堂，當時由巴黎大主教蘇利（Maurice de Sully）決定於 1163 年興建，歷經 180 多年後，於 1345 年完成；最為人稱道的是用飛扶壁、尖拱頂的設計，帶出輕盈、挑高的外觀與空間、加上大型彩繪玻璃增加透光性，讓聖母院呈現莊嚴美麗的氛圍，也因此得以成為舉行拿破崙三世婚禮、與包含拿破崙等歷代多位國王加冕、法國前總統戴高樂葬禮的場所。

不能不看的是巴黎聖母院入口立面，最下方的三座內縮尖拱門上，刻有最後的審判等聖經故事的石雕像，中間層則有個直徑約 10 公尺，建於 1220 年至 1225 年的圓形玫瑰花窗。第三層則是鐘樓（towers），旅人可購票拾 376 階石梯而上，觀賞 1686 年鑄造、重達 15 噸的大鐘，與目不暇給的巴黎市中心景色。

文／宋良音

Info:
巴黎聖母院（Cathédrale Notre-Dame de Paris）
地址：Place du Parvis de Notre-Dame 75004 Paris
電話：+33-01-53406080，+33-01-53100700
交通：搭乘地鐵 M 線至 Cité 站，出站後沿 rue de la cite
　　　向南步行 60 公尺，或搭乘 RER 快鐵 C 線至 Saint-
　　　Michel Notre Dame 站，向東步行 300 公尺

97 凡爾賽宮
金碧輝煌的巴洛克建築

凡爾賽宮這座斥巨資、動用上萬人建造的雄偉皇宮，在建造完成後不僅讓歐洲各國皇宮爭相效仿，也和英國白金漢宮（Buckingham Palace）、美國白宮（White House）、北京故宮、俄羅斯克里姆林宮（Московский Кремль）並列世界五大宮。

凡爾賽宮外觀雖為標準古典主義風格三段式立面，建築左右對稱、整體工整雄偉，但是內部裝潢採用巴洛克風格，講究富麗、大器、奇巧的繁複裝飾，運用大量大理石於牆壁和柱子，拱頂並以金漆繪製許多優美人像、花卉圖案，還搭配許多貝殼裝飾，並採用多樣作工精湛的家具、巨幅油畫、掛毯，營造出富麗堂皇的氣氛。

因為太陽是路易十四的象徵，以太陽為意象的設計在宮中也隨處可見，而代表勇猛、吉祥的動物如獅子、老鷹、麒麟的形象也常見其中，當然來自世界各地的奇珍異寶更為空間增添了華麗、多元的視覺享受。

最出名的鏡廳（Galerie des Glaces），拱頂布滿以路易十四為題的繪畫，兩旁的彩色大理石壁柱有 24 個可點燃 4 百支蠟燭的火炬，還有鍍金盔甲的裝飾，與 17 面由 483 塊鏡片組成的巨型落地鏡，加上多座美麗的水晶吊燈，讓人看得目不暇給。

凡爾賽宮的前身在 1624 年法王路易十三（Louis XIII）時代，是一座占地 117 畝，僅建一座狩獵行宮的沼澤荒地，後來路易十四於 1660 年參觀財政大臣富凱（Fouquet）的沃子爵府邸（Château de Vaux-le-Vicomte），被其宏偉壯麗的建築所震懾，決定以原有的狩

獵行宮為基礎、增購土地，並請來設計沃子爵府邸的設計師安德烈・勒諾特爾（André Le Nôtre）和著名建築師路易・勒沃（Louis Le Vau）設計，但到了1674 年則由擅長巴洛克建築風格的建築師儒勒・哈杜安・孟薩爾（Jules Hardouin Mansart）接手。

整座宮殿連同花園建設，占地約 110 萬平方公尺，建築面積有 11 萬平方公尺，囊括了數百個房間、 2,153 扇窗戶、67 座樓梯，其餘皆為園林，共耗費 29 年、於 1710 年才全部完成，之後路易十四也宣布將整個法蘭西宮廷遷往凡爾賽，除了做為家族、貴族的住所，也是各部門機關的辦公場所，全盛時期居住在此的貴族和僕人等，不含軍隊，多達 3 萬多名，可見建築規模之巨大。

除了宮殿本身，凡爾賽宮的花園也是一大特色，以中軸線為基準，採左右對稱設計，散布在園內的各式水池造景、千姿百態的雕像、體現法國式園林藝術的花壇設計，與遠方可讓馬兒奔馳的一望無際原野，都讓人看到氣勢磅礴的皇室風範。

文 / 宋良音

Info.

凡爾賽宮（Château de Versailles）
地址：Place d'Armes, 78000 Versailles
電話：+33-01-3083-7800
交通：搭乘地鐵 RER 的 C 線至 Versailles 站，亦可搭
　　　乘火車從 Paris Montparnasse 站出發到 Versailles
　　　Chantiers，或者從 Paris Saint Lazare 站出發到
　　　Versailles Rive droite 站

98 登上凱旋門
眺望巴黎壯闊街景

想看看巴黎壯闊的街道景觀，一定要登上凱旋門！巴黎的 12 條大街，以凱旋門為圓心向四周放射，登上高約 50 公尺的凱旋門鳥瞰，就可以看到像是 12 道璀璨光芒向外發散的磅礡氣勢，白天黑夜，風情皆美。

提到凱旋門，所有人想到的，一定是巴黎香榭麗舍大道西端的凱旋門，事實上凱旋門不是只有巴黎獨有，最早的凱旋門出現在古羅馬時期，是為了慶祝戰爭勝利而建造出來的建築物。據統計，全世界包括巴黎、羅馬、莫斯科、新德里、平壤等城市，至少有 10 座以上凱旋門。

法國一代強人拿破崙為紀念 1805 年打敗俄奧聯軍，下令於 1806 年興造凱旋門，沒想到凱旋門還沒蓋好，1814 年拿破崙卻被波旁王朝所推翻，強人下台後，凱旋門的工程也因此中輟。直到 1830 年波旁王朝也被推翻，法國人才重啟凱旋門工程，1836 年落成，距離當初動念興建已有 31 年，這中間法國人經歷無數戰事，恐怕早已忘了當初是為了要慶祝哪場戰役的勝利，才蓋了這座凱旋門。

與凱旋門合影留念，最美的角度是站在香榭麗舍大道的分隔島往上拍，還可以擺起「扛凱旋門」的錯位畫面。在登上凱旋門頂端前，會先經過一個歷史博物館，裡面陳列著興建者拿破崙的生平事蹟，及凱旋門各項相關的歷史文物，讓旅人重回 1805 年的時空背景，深度了解這個偉大地標。

文 / COCO

Info.

凱旋門（Arc de triomphe de l'Étoile）
地址：Place Charles de Gaulle, 75008 Paris
電話：+33-1-55-37-73-77
開放時間：10：00 ～ 22：30 可購票登頂
交通：可搭地鐵 1、2、6 號線與 RER A 線至 Charles de
　　　Gaulle-Etoile 站

99 巴黎歌劇院
歌劇魅影的家

巴黎歌劇院（又名迦尼葉歌劇院）是全世界最大的歌劇院，在歐斯曼任內由得到羅馬大賞的建築師夏勒・迦尼葉（Charles Garnier）設計。百老匯名劇《歌劇魅影》（*The Phantom of the Opera*），即以這裡為故事的發展背景。劇中的男主角魅影所住的地下水道，在真實的巴黎歌劇院地下確實存在。

與其說這裡是歌劇院，毋寧說如置身皇宮。歌劇院屋頂像一頂皇冠，屋頂上對稱配置著兩座貼以金箔的大雕像，左側象徵「和諧」，右側則是「詩詞」。歌劇院正立面，左右各有雕像，分別象徵音樂、詩歌、戲劇與舞蹈，敘明歌劇院的藝術任務。室內，一座樓梯坐落於挑空大廳，四面是帶著粉紅色的大理石愛奧尼克式（Ionic order）雙柱支撐圓拱。交誼廳極盡華麗地以金箔裝飾，彷彿掉入金色顏料中。天花板上面懸掛著兩列水晶吊燈。

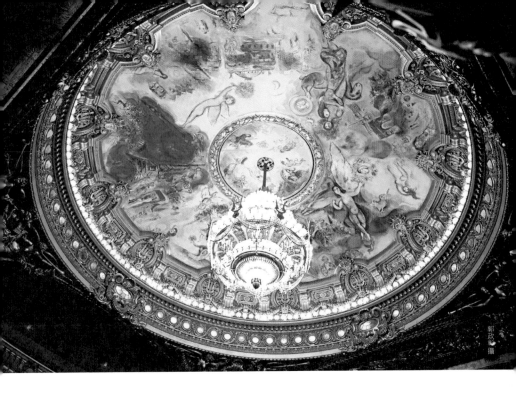

最為精彩的則是上方的穹頂，這是半世紀前整修時，由畫家夏卡爾（Mark Chagall）操刀。在一座古典建築中出現現代畫，這創新之舉，在當年引發爭議不難想像。1964 年，夏卡爾應邀，重新打造巴黎歌劇院穹頂的畫作，他將整個弧型圓頂，劃分為 5 個花瓣及 1 圓心，用史上最偉大的 14 位歌劇作家的成名作為主題，幻化成一面 2 百平方公尺的巨幅畫作。

夏卡爾了解，戲劇院裡的燈光昏暗，必用比油畫更大的色彩對比，才能與金碧輝煌相輝映，於是用 5 種鮮明的色彩：藍、紅、黃、白和綠，妝點 5 個花瓣，每片花瓣代表兩位著名的音樂家，搭配巴黎著名景點，構成 5 種如夢似幻的意境。

文 / 王之杰

Info.
巴黎歌劇院（Opéra Garnier）
地址：8 Rue Scribe, 75009 Paris
電話：+33-1-71-25-24-23
開放時間：10：00~17：00

100 巴黎鐵塔
永恆的浪漫地標

巴黎鐵塔（La Tour Eiffel，又稱艾菲爾鐵塔）是許多導演的靈感繆思，像是《午夜巴黎》（*Midnight in Paris*）、《巴黎我愛你》（*Paris, je t'aime*）等片都在此取景，無數浪漫情節在此發生，讓巴黎鐵塔成為巴黎永恆的浪漫地標！

但，這現今被譽為最美地標的巴黎鐵塔，在1887年計畫動工之際，許多文學家、作曲家，如小仲馬（Dumas）、莫泊桑（Maupassant）等人，都大投反對票，他們認為這巨大的鋼鐵建築，醜陋無比，宛如工業革命的大怪物，怎麼能出現在巴黎美麗而古典的天際線？

當年為了即將來到的世界博覽會及慶祝法國大革命 1 百週年，法國政府決定要在巴黎建造一座地標，設下兩個標準，一是政府只提供所需費用的 1/5，其他資金由承包單位自籌；再來地標是一個臨時建築，博覽會後得拆除。雖然條件嚴峻，還是有無數建築師前來遞件，最終由建築師居斯塔夫・艾菲爾（Alexandre Gustave Eiffel）得標。艾菲爾畫了 5 千 3 百多張草圖，以鍛鐵技術做發揮，採用交叉固定格子式樣的大樑，使用 7 千噸鋼鐵、1 萬 2 千個金屬零件、250 萬個鉚釘，造就這高達 324 公尺（相當於 81 層樓高）難度極高、巨大而美麗的建築。

艾菲爾在面對排山倒海的負評時曾説：「我相信有一天，這座鐵塔會向世人證明它獨具的美感。」果然，鐵塔在世博開幕式登場時，瞬間就征服人心，在當年世博吸引 250 萬人爭相登上鐵塔，人們為了紀念艾菲爾的堅持與貢獻，在塔下為他塑造一座半身銅像，更以他的名字為鐵塔命名。做為世博會的入口拱門，也是慶祝法國大革命 1 百週年的美麗禮物，巴黎鐵塔如今成為世界上最多人付費參觀的名勝古蹟，也是被全世界複製、再製成紀念品最多的城市地標，更帶動建築高塔如東京鐵塔的誕生，是巴黎的驕傲與象徵。

站在前無屏障的戰神廣場（Champ-de-Mars）、夏佑宮（Palais de Chaillot），直眺巴黎鐵塔，能拍出旅人與鐵塔完整入鏡的完美畫面；別忘了預約位於鐵塔內的米其林法式餐廳「路郡凡爾納」（Le Jules Verne），有專屬電梯可直達。夜幕低垂、華燈初上時，乘著塞納河的遊船，品味夜晚閃耀著璀璨光芒的巴黎鐵塔，在徐徐夜風吹拂下，讓人心醉，是擁抱巴黎鐵塔最美的方法。

文 / COCO

Info.
巴黎鐵塔（La Tour Eiffel）
地址：Champ de Mars, 5 Avenue Anatole France, 75007
Paris
電話：+33-892-70-12-39
開放時間：搭電梯 9：30～23：45（23：00 前最後入場，
前往頂層 22：30 前最後入場）；爬樓梯 09：
30～18：30（18：00 前最後入場）
交通：搭地鐵 6 號線 Bir-Hakeim 站／6、9 號線Trocadero
站／8 號線 Ecole Militaire 站，皆步行約 5～10 分鐘
可達；或搭 RER C 線Champs de Mars Tour Eiffel
站，步行 2 分鐘

路郡凡爾納（Le Jules Verne）
餐廳電話：+33-145-55-61-44

Info.
巴黎 Paris ▮▮▮

巴黎是法國首都，也是法國政治與文化中心，隸屬法蘭西島大區之下的巴黎省，也是法蘭西島大區的核心，16 至 19 世紀曾是世界上最大的城市。

狹義的巴黎只包括原巴黎城牆內的 20 區，以西堤島（Ile de la Cité）為中心，依順時針方向排序。

位置：巴黎位處法國北部巴黎盆地（Bassin parisien）中央；市區位於塞納河沿岸。

人口：超過 220 萬。

面積：約 86.928 平方公里。

氣溫：夏天均溫 15 至 25℃ 之間，熱浪期間最高溫可超過 30℃。

時差：較台灣慢 7 小時（3 月底至 10 月底日光節約時間，較台灣慢 6 小時）。

小費：帳單中已含 15% 的服務費，不必另外支付小費。

交通：巴黎大眾交通工具有 Metro（地鐵）、RER（連接巴黎及郊區之火車）、Autobus（公車）、Train（火車）及 Tramway（電車）。計程車起跳價 2.4 歐元，最低基本收費 6.4 歐元。巴黎目前也提供「Vélib'」城市單車自由租用計畫，約 1,450 個單車站點，超過 2 萬輛單車提供遊客使用。

撥號：法國打到台灣：00-886-x（區域號碼去掉 0）-xxxx-xxxx；
台灣打到法國：002-33-1（區域號碼去掉 0）-xx-xx-xx-xx。

地圖來源：達志影像

法國地圖

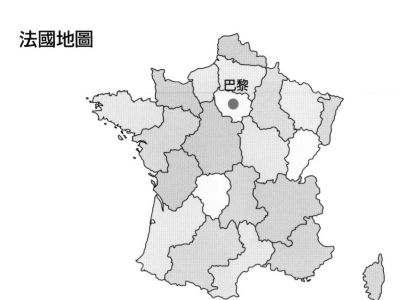

巴黎地圖

郭政彰攝

經典巴黎 100 個你一定要知道的關鍵品味

經典巴黎　100個你一定要知道的關鍵品味

作者	盧怡安等
商周集團榮譽發行人	金惟純
商周集團執行長	王文靜
視覺顧問	陳栩椿
商業周刊出版部	
總編輯	余幸娟
責任編輯	林美齡
封面設計	張福海
版型設計、完稿	巫麗雪
出版發行	城邦文化事業股份有限公司-商業周刊
地址	104 台北市中山區民生東路二段 141 號 4 樓
傳真服務	（02）2503-6989
劃撥帳號	50003033
戶名	英屬蓋曼群島商家庭傳媒股份有限公司城邦分公司
網站	www.businessweekly.com.tw
製版印刷	中原造像股份有限公司
總經銷	高見文化行銷股份有限公司 電話：0800-055365
初版1刷	2015 年（民 104 年）5 月
定價	340 元
ISBN	978-986-6032-89-9（平裝）

國家圖書館出版品預行編目 (CIP) 資料

經典巴黎：100 個你一定要知道的關鍵品味 / 盧怡安等作 . --
初版 . -- 臺北市：城邦商業周刊 , 民 104.05
　面；　公分
ISBN 978-986-6032-89-9(平裝)

1. 遊記 2. 法國巴黎

742.719　　　　　　　　　　104004092

城市品味書

説出品味故事，成就你的與眾不同。